EL PODER DE LA SANGRE DE CRISTO
-APLICADA-

DR. M. SOJO

Publicado por
CRUZADA MUNDIAL DE ESPERANZA

Derechos Reservados
© 2015
B&W MEDIA INTERNATIONAL

DERECHOS EXCLUSIVOS DEL ESPIRITU SANTO

Título publicado originalmente en español:
EL PODER DE LA SANGRE DE CRISTO APLICADA

Ninguna parte de esta publicación podrá ser reproducida, procesada en algún sistema que la pueda reproducir, o transmitida en alguna otra forma o por algún medio electrónico, mecánico, fotocopia, cinta magnetofónica u otro excepto para breves citas en reseñas, sin el permiso de los editores.

Citas Bíblicas tomadas de la Santa Biblia, Versión Reina Valera de 1960.
©Sociedades Bíblicas Unidas. Usadas con permiso.

ISBN 9781508723585
Clasificación: Religioso

Para pedidos llamar a:
Dr. Marcelino Sojo \ Dra. María E. Sojo
MCI 4814 Silabert Ave. Charlotte, NC 28205 \ USA
Ph. 001 - 704 537 1333
0058 - 212 - 781.1537 Caracas - Venezuela

Official Web Site: www.operacion72.com - www.ag318.com
Email: info@operacion72.com - apostolsojo@operacion72.com
Twitter: @apostolsojo

Diseño y Diagramación
Meryi L. Quintero G.
Zoe & Asociados

Neiva (H) - Colombia

Impreso por Del Reino Impresores S.R.L.
Buenos Aires, Argentina

Contenido

Dedicación.
Declaración profética y de fe.
Introducción.

1	Las conexiones en el mundo espiritual son con sacrificio de sangre.	9
2	Aplique la sangre del prepucio.	21
3	Aplique la sangre derramada en getsemani por Jesús.	41
4	La sangre de la corona de espinas.	59
5	Aplique a sangre de la barba de Jesús.	95
6	Aplique la sangre de la mano derecha.	103
7	Aplique la sangre de la mano izquierda.	123
8	Aplique la sangre de la espalda de Jesús.	143
9	Aplique la sangre de los pies de Jesús.	157
10	Aplique la sangre de la placenta de salvación.	171
	Epílogo	183

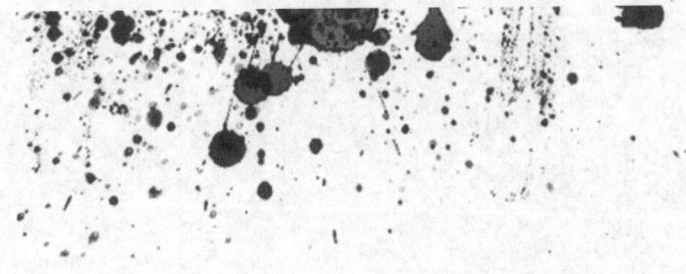

DEDICACIÓN

A los fieles estudiantes hijos discípulos de la Generación 318, quienes han aceptado el reto de ser diferentes al montón y predicar el evangelio de la gracia de Dios en Cristo, también lo dedico a los millones de reformadores que no están conforme con lo que han logrado, sino que anhelan sabiduría y están dispuestos a dejar todo para alcanzar millones.

Digan con firmeza y fe:
"La sangre de Cristo tiene todo el poder".

Apóstoles M & M Sojo.

DECLARACIÓN PROFÉTICA Y DE FE

En esta hora en el nombre de Jesucristo, nombre que es sobre todo nombre, declaro que todos los millones que leen este libro en cualquier país, ciudad, pueblo, barrio o continente, abren los ojos del entendimiento para aceptar las escrituras. Declaro como anciano misionero de Dios que su vida nunca más es la misma y usted es dimensionado a las cosas nuevas. Declaro que aún cosas que no están escritas en este libro respecto a la sangre de Cristo, le serán reveladas en el nombre de Jesús. Amén

Apóstol M. Sojo.

INTRODUCCIÓN

LOS SECRETOS DE LA SANGRE DE CRISTO

"Y ellos le han vencido por medio de la sangre del Cordero y de la palabra del testimonio de ellos, y menospreciaron sus vidas hasta la muerte". Apocalipsis 12:11

En los primeros días, cuando acepté a Cristo como mi salvador personal con todo mi corazón, comencé a tener extrañas experiencias en mi vida. Era la presencia de seres y fuerzas espirituales que venían en mi contra para perturbarme. Por un tiempo que esto me pasaba a diario, lo lamentable del caso era que no conocía como defenderme de estas fuerzas contrarias que venían en mi contra, me cortaban la respiración y me trancaban la voz para que no adorara a Dios. Entiendo claramente que eran distintos espíritus satánicos que me querían fulminar cuando estaba comenzando mi vida cristiana. Les diré que estoy vivo, solo por un milagro de Dios.

Oraba a Dios y la batalla persistía, le comenté a un amigo cristiano llamado Alberto Hurtado y me dijo: "Cuando te venga el ataque declara que la sangre de Cristo tiene poder", le pregunté a mi amigo: " ¿Y cuándo no pueda hablar?", me dijo: "Háblale a la fuerza maligna desde tus pensamientos y huirá". Así lo hice y vi la gran victoria en Cristo por su santa misericordia, y cada vez que tenía un ataque lo resistía invocando la sangre de Jesucristo y las fuerzas malignas se iban.

Estos ataques eran por varias razones, las enumeraré:

- Satanás sospechaba lo que Dios había determinado hacer con mi vida.
- Los pactos de mis ancestros con sacrificios y dedicaciones, por ignorancia, a espíritus extraños.
- Por las cientos de personas en mi pueblo natal, incluyendo familiares y conocidos que se dedicaban a la hechicería.
- Por los pactos de la raza negra, la cual en alto grado fue conectada al mundo satánico por la rebelión de Can. *"...maldito sea Can siervo de siervo serás..." Génesis 9:25*.
- Por mis malas confesiones al no conocer la verdad de la palabra de Dios, y crecer en medio de idolatría pagana.
- Por los continuos sacrificios malignos que hacen autoridades religiosas, políticas y militares, entregando los pueblos al dominio maligno y a mantenerse en el poder sobre estos.
- Por ignorar la guerra maligna que ocurrió el día de mi nacimiento con espíritus asignados por Satán en mi contra con el fin detener el propósito de Dios para mí.

Bajo toda esa ignorancia, como el haber sido hijo de fornicación, no haber sido dedicado a Dios desde mi niñez y que todas mis conexiones al mundo espiritual habían sido en contra del genuino orden de Dios, esto me hacía vulnerable al mundo de las tinieblas. Dios, por medio de ese humilde hermano, me ayudó en el conocimiento de la sangre de Cristo y comencé a vencer.

"Y ellos le han vencido por medio de la sangre del Cordero y de la palabra del testimonio de ellos, y menospreciaron sus vidas hasta la muerte" Apocalipsis 12:11

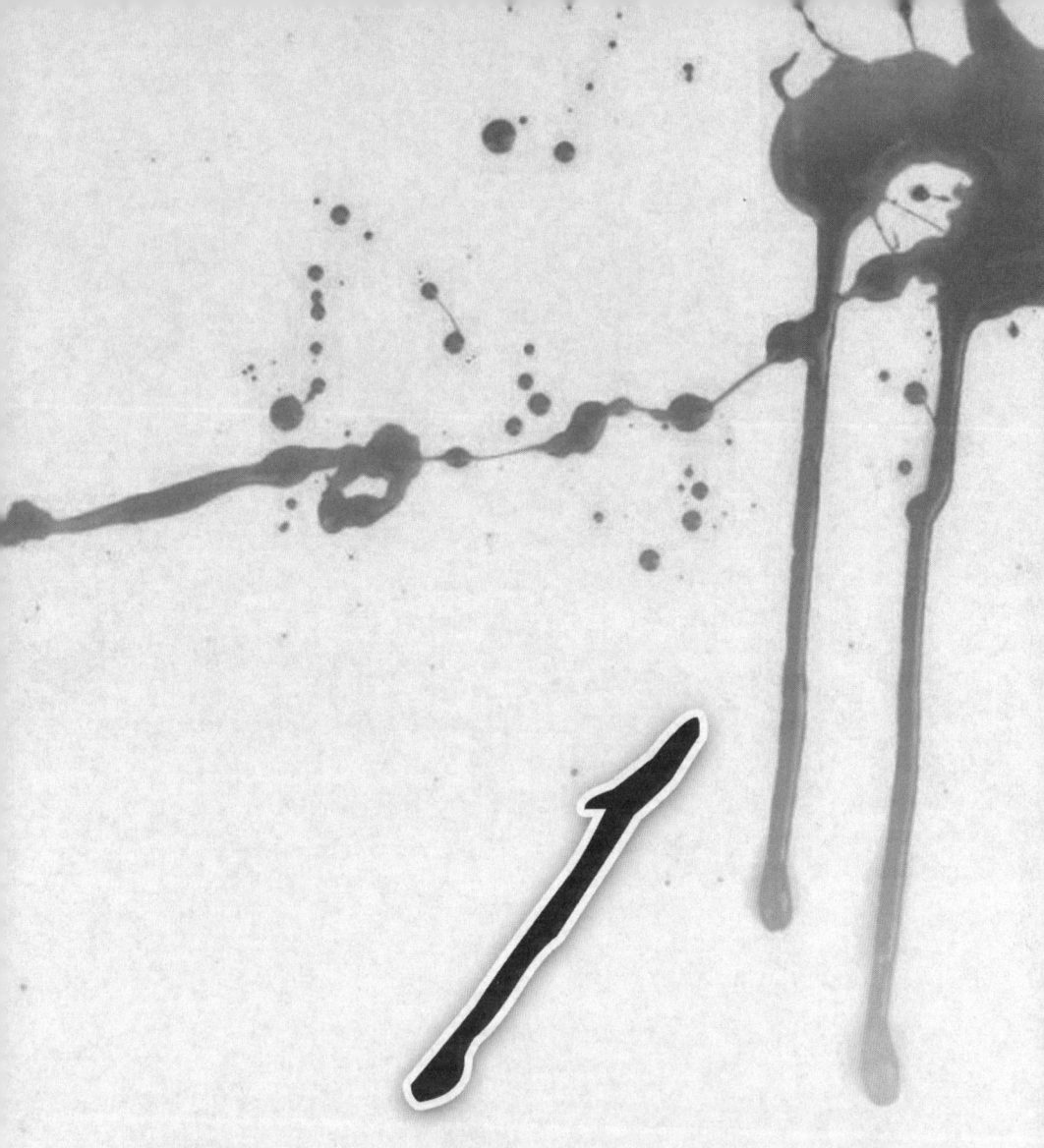

LAS ALTAS CONEXIONES EN EL
MUNDO ESPIRITUAL
SON CON SACRIFICIOS DE SANGRE

Capítulo uno

Las altas conexiones en el mundo espiritual son con sacrificios de sangre

"Y él le dijo: ¿Qué has hecho? La voz de la sangre de tu hermano clama a mí desde la tierra". Génesis 4:10

La Biblia dice que la sangre habla, y cada derramamiento de sangre es una dedicación a Dios o a las tinieblas en el mundo espiritual. Todo derramamiento de sangre cualquiera que sea, es un sacrificio vivo y una ofrenda de dedicación para altas conexiones espirituales desde los tiempos antiguos hasta hoy.

"Y aconteció andando el tiempo, que Caín trajo del fruto de la tierra una ofrenda a Jehová. Y Abel trajo también de los primogénitos de sus ovejas, de lo más gordo de ellas. Y miró Jehová con agrado a Abel y a su ofrenda; pero no miró con agrado a Caín y a la ofrenda suya. Y se ensañó Caín en gran manera, y decayó su semblante". Génesis 4:3-5

En el caso de Abel, que había sacrificado una oveja como ofrenda a Dios, la cual el Padre miró con agrado porque dio lo mejor, activó la envidia en su hermano quien lo mató y derramó sangre la cual comenzó a clamar por justicia, porque toda ofrenda pide su recompensa. Abel pedía justicia, es decir redención; no olvidemos que Jesús todavía no había muerto en la cruz para justificarlo.

La imitación de Satán

Después de que el maligno sabe que al Dios eterno le agradó la revelación de Abel, como falso y engañador exigió ofrendas de dedicación en los máximos niveles, las cuales son con sangre, imitando siempre a Dios, fue así que Satán guio a Caín a matar a su hermano con derramamiento de sangre; Abel fue sacrificado, la envidia de Satán comenzó a pedir ofrendas con sangre y por supuesto que quería algo mayor que una oveja.

Pero Dios que siempre se adelanta al enemigo, puso en el espíritu de Abel la revelación del cordero inmolado, esto es desde principio de la fundación del mundo. El sacrificio de Abel solo fue un paralélo profético de la sangre bendita de Jesucristo, el cual la eternidad lo inmoló desde antes para librarnos del mal a todos nosotros por su sangre.

"...El Cordero Inmolado desde el principio del mundo" Apocalipsis 13:8

Después de haber pecado Adán y Eva, Dios los cubrió con pieles de cordero.

"Y Jehová Dios hizo al hombre y a su mujer túnicas de pieles, y los vistió". - Génesis 3:21

Dios hizo el primer sacrificio de sangre para cubrir a la primera pareja, es decir la cobertura de Dios contra pactos malignos se activa a través de los sacrificios de sangre. Vestiduras significa claramente "Cobertura".

Aunque usted no se dé cuenta hay una cobertura espiritual de bien o de mal que le acompaña, y según esa cobertura se manifiesta el bien o el mal sobre su vida; usted sale adelante dependiendo definitivamente de quien le cubre espiritualmente.

Es por eso que hay personas que tratan de hacer las tareas bien pero les cubre el dolor, la ruina, la pobreza, el sufrimiento, las amarguras, las enfermedades y hasta la muerte.

Profecía de la sangre del Cordero

"Judá, te alabarán tus hermanos; tu mano en la cerviz de tus enemigos; los hijos de tu padre se inclinarán a ti. Cachorro de león, Judá; de la presa subiste, hijo mío. Se encorvó, se echó como león, así como león viejo: ¿Quién lo despertará? No será quitado el cetro de Judá, ni el legislador de entre sus pies, hasta que venga Siloh; Y a él se congregarán los pueblos. Atando a la vid su pollino, Y a la cepa el hijo de su asna, lavó en el vino su vestido, Y en la sangre de uvas su manto. Sus ojos, rojos del vino, y sus dientes blancos de la leche". - Génesis 49:8-12.

Siloh: Término que se encuentra en Génesis 49:10 y que muchos comentaristas creen que es una designación para el Mesías. Aparte de los mencionados, a este nombre se le ha dado diversos significados: "Descendiente", "El enviado", "Aquél a quien le corresponde (el cetro)", "El que da descanso", "El que trae la paz".

La gran revelación de la sangre de Cristo, el Siloh, es el que da la Paz del Cordero redentor que vino de la tribu de Judá. En el vientre donde se gestó Jesús, cayó el nuevo ADN santo para gobernar y someter al enemigo.

...*"Tu mano en la cerviz de tus enemigos; los hijos de tu padre se inclinarán a ti. Cachorro de león"...*

..."*No será quitado el cetro de Judá, Ni el legislador de entre sus pies, Hasta que venga Siloh Y a él se congregarán los pueblos"...*

Esta parte habla de la regla de la aplicación de la justicia libertadora a través de la sangre santa de Jesús.

..."*Lavó en el vino su vestido, Y en la sangre de uvas su manto. Sus ojos, rojos del vino"...*

En la eternidad ya todo estaba escrito, el gobierno y la gran batalla de liberación se establecería con la sangre santa de la justicia divina, por eso decimos con toda fuerza: "La sangre de Cristo tiene el poder".

Cuando Jacob oraba por Judá, vio que nacería de un vientre de esa tribu el que con su sangre daría la paz a los pueblos del mundo (El Siloh), lo único que nos hace libres de todo tipo de opresión y ligadura maligna es la revelación de esa sangre gloriosa aplicada a nuestras vidas.

¿Por qué la sangre de Cristo tiene todo el poder?

Por lo santo de la concepción el ángel le llegó a María siendo esta virgen.

Y entrando el ángel en donde ella estaba, dijo: ¡Salve, muy favorecida! El Señor es contigo; bendita tú entre las mujeres. Mas ella, cuando le vio, se turbó por sus palabras, y pensaba qué salutación sería esta.

Lucas 1:30-35 "Entonces el ángel le dijo: María, no temas, porque has hallado gracia delante de Dios. Y ahora, concebirás en tu vientre, y darás a luz un hijo, y llamarás su nombre Jesús. Este será grande, y será llamado hijo del Altísimo; y el Señor Dios le dará el trono de David su padre; y reinará sobre la casa de Jacob para siempre, y su reino no tendrá fin. Entonces María dijo al ángel: ¿Cómo será esto? pues no conozco varón. Respondiendo el ángel, le dijo: El Espíritu Santo vendrá sobre ti, y el poder del Altísimo te cubrirá con su sombra; por lo cual también el Santo Ser que nacerá, será llamado Hijo de Dios".

Ellos le han vencido

"Y ellos le han vencido por medio de la sangre del Cordero y de la palabra del testimonio de ellos, y menospreciaron sus vidas hasta la muerte". - Apocalipsis 12:11

No existe nada más respetado en los cielos y en todo el universo para los ángeles del Dios altísimo y para todos los tipos de demonios y potestades que existen, que: "La revelación de la sangre de Cristo". El texto dice: "Ellos le han vencido", esto es una revelación supremamente poderosa.

En el mundo espiritual todo se pelea con sangre, el asunto de las grandes batallas espirituales en las que nosotros nos vemos involucrados, aparece la palabra sacrificio y está profundamente vinculada a algún derramamiento de sangre. Cuando la palabra de Dios dice "Ellos le han vencido por medio de la sangre del Cordero, y la palabra del testimonio de ellos, de tal manera que despreciaron sus vidas hasta la muerte". Si nosotros estudiamos el texto, encontraremos: "Quien tiene la revelación de la sangre no sólo derrota a todos los demonios que existen, sino que derrota a la misma muerte a través del pacto profético de inmolación de Jesús en la cruz.

Observe lo que el texto dice cuando una persona creyente en Jesucristo aplica la sangre de Cristo:

"La palabra del testimonio significa que ellos confesaban y daban testimonio de la sangre de Jesucristo, bajo el dominio profético de altas dimensiones de fe. Quiere decir que la iglesia de los primeros trescientos años, sabía la importancia del poder de la sangre de Cristo aplicada, ellos no tenían todos los recursos que tenemos hoy, pero la revelación del poder de la sangre de Cristo, estaba profundamente clara, por eso vencieron en todo.

Desde el principio hasta el fin, desde Génesis hasta Apocalipsis, los sacrificios fueron con sangre incluyendo la sangre de Abel y la sangre de Jesucristo el Cordero de gloria, y quienes tuvieron la revelación de aplicar la sangre, Abel, Abraham, Isaac, Jacob, David, José y María y todos los santos antiguos que vieron la manifestación de la defensa divina, en cada prueba, tormento, situación, en la medida que ellos hicieron sacrificios de sangre (en los tiempos antiguos eran con animales). Así ellos vencieron, ¡Cuánto más la iglesia gloriosa!. Si entendemos esta revelación: "Ellos han vencido por medio de la sangre del Cordero".

Lo único que le da acceso a Satanás con sus espíritus perversos y malvados de atormentar su vida en alguna área, es la ignorancia en la revelación de la sangre del Cordero.

Si el mundo satánico sabe que usted ignora como operar con la sangre del Cordero, en las áreas de la salud, de las finanzas, las batallas del alma, la guerra de la mente, la batalla de los ambientes hechizados y embrujados, las maldiciones de continentes, guerras territoriales, movimientos de humanos que hacen sacrificios de sangre exponiendo sus ciudades, pueblos y familias al control satánico, donde no exista la revelación de la sangre de Cristo, una persona lo único que quiere es morirse.

Cuando la palabra dice: "Ellos le han vencido" en el último libro de la Biblia, nos indica que hay dos equipos, uno ganador y otro perdedor; ganan los que tienen la revelación de la sangre de Cristo, pierden los que caminan en el mundo ignorando que sí existen fuerzas y potestades de maldad que atormentan a los humanos. Quiero recomendarle a usted, en el nombre de nuestro Señor Jesucristo, que se haga experto "Aplicando la sangre de Jesús". Yo no le estoy hablando a usted de fanatismo religioso, le estoy dando la fórmula más poderosa que rompe las fuerzas antagónicas del mundo espiritual cualquiera que sea, no hay nada, quiero que lo entienda, no hay nada entre el cielo y la tierra más poderosa que la sangre de Cristo aplicada.

Fui a un país a dar una gran conferencia a enseñar la palabra de Dios, se supone que era gente sana y que todos en el auditorio estaban de acuerdo, pero aunque se esta predicando ante supuestos creyentes, no todo el tiempo es así, existen personas bajo manto satánico para maldecir las reuniones y que no haya paz. Antes de comenzar a predicar, comencé a sentir una dolencia extraña en las piernas, (en 37 años que he predicado el evangelio si algo tengo es salud, para mi es normal predicar 4 veces al día), todavía no había predicado el primer sermón y sentí que tenía que regresar al hotel, con mucho dolor terminé la predicación. Fui al hotel con un dolor en las piernas, con un gran tormento que me quería paralizar. Le pregunté al Espíritu Santo, ¿Qué era lo que estaba pasando? (recordé que nunca había vivido una situación similar), Él me habló y dijo: "Te confiaste creyendo que todos eran cristianos, y habían hechiceros entre ellos maldiciéndote, porque no creían lo que tú decías", me dijo que mi error fue no aplicar la sangre de Jesús. De inmediato le hablé a mis piernas, apliqué la sangre de Cristo y tomé la santa cena. Cuando yo entré a la siguiente sesión de la tarde, era un ambiente totalmente diferente, los demonios habían sido vencidos.

Esto de la aplicación de la sangre de Cristo es una revelación de alto nivel, necesaria para curar todo ambiente y para proteger a todos los lideres y creyentes que hacen la obra de Dios. La sangre de Cristo derrota a todo Diablo, no importa donde se meta y no importa el rango que tenga.

Los demonios han sido vencido por medio de la sangre de Cristo, ellos no se derrotan hablando mal de la gente, la economía no se cambia hablando mal del país o maldiciendo el negocio, no hay nadie que se sane quejándose de las enfermedades, no hay iglesia que prospére activando críticas y murmuraciones, ningún matrimonio sale adelante acusándose unos a otros, ningún padre acusando a sus hijos los transforma, nadie activa la prosperidad lleno de amargura y de dolor, esto solo se rompe aplicando la sangre de Jesús.

Rompa los libretos satánicos

Son millones los demonios que salen en comisiones asignadas todos los días, después de haber escrito durante la noche libretos de maldición contra cada familia. El trabajo de los demonios es específico sobre cada persona, matrimonio, hijos y negocios. Si fallaron un día, volverán al ataque el siguiente día, si no pudieron un año, volverán al siguiente, por lo tanto no hay método, no hay liturgia, ni estación mentalista que destruya la operatividad de los libretos satánicos, ellos han vencido por medio de la sangre del Cordero, este es el único antídoto que rompe toda fuerza de opresión. La biblia no dice que la religión tiene el poder, pero si asegura que aplicar la sangre conforme a Apocalipsis 12:11 Si hace a toda fuerza del enemigo retroceder, no importando su jerarquía y autoridad.

Toda batalla espiritual se pelea con sangre, y dependiendo quien presenta el sacrificio más alto triunfa, es por eso que usted jamás puede dejar de mencionar el sacrificio más grande que se hizo en la tierra, el de Jesús, este supera a todos los que se hicieron antes y los que se harían después; aplique la sangre de Jesús continuamente y será libre de todo mal.

Cuando el hombre fue a la luna, colocaron la bandera del país al cual representaba. En la medida que usted tiene revelación de la sangre de Cristo y coloca esta bandera, derrota el divorcio, no habrá más divorcio en su apellido, porque alguien conquistó en esa área. Cuando usted aprende a conquistar por medio de la sangre de Jesús, abre brecha para sus generaciones. Vuélvase experto aplicando la sangre. La sangre de Cristo cura todo, vamos, levántese en fe, diga con autoridad: "La sangre de Cristo tiene todo el poder". Usted tiene que moverse en su autoridad para echar fuera los demonios de traición, ruina, desordenes sexuales, usted tiene que echarlos fuera, no siga más atormentado, rompa los libretos satánicos, destruya lo que el Diablo escribió anoche en su contra, revierta la muerte repentina, levántese en Cristo Jesús y diga la sangre de Cristo tiene el poder.

2

APLIQUE LA SANGRE DEL PREPUCIO
DE JESÚS

Capítulo dos

Aplíque la sangre del prepucio de Jesús

Cuando comprendemos que la sangre de Cristo tiene todo el poder para liberar, es necesario que nos volvamos expertos aplicándola con inteligencia espiritual, entendiendo proféticamente cada lugar específico donde ésta fluyó y fue derramada.

La sangre que Cristo derramó en la cruz es la misma que derramó en Getsemaní, la misma que salió de su costado, manos y pies, también es la misma que salió de su prepucio, al ser cortado al octavo día de nacido en su circuncisión. Es necesario que sea entendido por nuestro espíritu, de dónde brotó la sangre y aplicarla. Si su sangre salió de algún lugar de su cuerpo, ya es un sacrificio y tiene efecto milagroso.

Bíblicamente hablando, la primera sangre que Jesús derramó, fue en el templo el día que José y María lo presentaron para que se le aplicase la circuncisión. Eso fue al octavo día, y este derramamiento súper sagrado y extraordinario tiene un significado muy especial porque es profundamente liberador.

En el mundo de guerra espiritual estratégica, es de suma importancia entender el poder de la dedicación de los hijos. En la Biblia existe este supremo secreto practicado por los antiguos padres de la fe, ellos tenían como mandamiento de Dios la circuncisión, haciendo un pacto eterno donde dedicaban sus generaciones al Dios Elohim, conforme a Génesis 17:1-12, de modo que sus hijos formarían parte de un pacto eterno con el altísimo, es decir, esas vidas estarían consagradas para su reino, y no para una nación inmunda, pagana, corrompida y enemiga de la verdad.

Abraham no pudo engendrar a Isaac siendo incircunciso. Esto de la circuncisión es un acto profético hebreo que se cumpliría en plenitud con la Sangre de Jesús.
Quiero explicarle lo siguiente, la palabra circuncisión es una palabra compuesta, la cual se combina con dos plataformas de profundo entendimiento espiritual:

Circun = Es igual a círculo, anillo. Esto está ligado indefectiblemente a pacto, casamiento, compromiso por siempre a nuestro Dios.
Sion = Está ligado a descendencia, hijos discípulos totalmente santos para nuestro Dios.

Si somos profundamente honestos, esto se cumplió con plenitud en Cristo Jesús, porque en el ritual hebraico instituido por Dios desde Abraham hasta Juan el bautista, todo era profético. En Cristo Jesús estaba el verdadero cumplimiento de la Circunci-sión , aquí se cumple todo a través de Jesús.

Dios levanta una generación de hijos discípulos plenamente santos bajo el pacto de Cristo. Entendiendo la limitación de la mente humana sin revelación, creo de todo corazón que la Sangre de Cristo, vertida desde su miembro viril, estableció un corte que rompió toda estratagema de corrupción maligna hasta ahora y siempre, usted tiene que llamarla, aplicarla y creerla de todo corazón.

En Romanos 10: 9 - 10 *" Que si confesares con tu boca que Jesús es el Señor..."*, allí hay revelación y sabiduría. Pablo nos muestra que en la medida que sabemos confesar somos salvos y libres de cualquier maldición. Es por esto que apocalipsis dice que somos salvos por la confesión de la palabra (testimonio) de ellos y no simplemente por la palabra logos y los hechos pasados en el calvario.

Necesitamos ir mas allá del tradicionalismo y de los actos confesados litúrgicamente, rompiendo esto con la confesión sobrenatural del Poder de la sangre de Cristo aplicada. Entre los actos proféticos que pueden haber, tales como la aplicación de sal, agua, aceite, vino, harina y todos los que se practican, que no dejan de tener su valor y ninguno puede ser superior a la sangre de Cristo, porque Jesús lo dijo cuando instituía la santa cena, Él habló de la sangre del nuevo pacto, la sangre que establecería un nuevo orden en todo el universo.

Tengo plena seguridad que millones de demonios hubiesen querido hacer lo imposible para que no se trajera la revelación de la sangre del prepucio de Jesús. Porque sin generaciones consagradas a Dios, no tiene sentido la predicación del evangelio bendito del reino de Dios. Créame que la ignorancia de esta verdad a destruido a millones.

El hombre carnal generaliza y sobre-interpreta un nombre revelado, sin tomar en cuenta el contexto y la profundidad transcendental de su significado y poder implícito. Es por eso que queremos declarar detalles proféticos. Yo, el apóstol Sojo no soy un filósofo bíblico, soy un apóstol profético, comisionado por Dios para revelar grandes verdades bíblicas. Y por el hecho de ser profético debo estar alineado al orden de Dios. Nunca una revelación chocará hermenéuticamente con las escrituras ni su alineación Cristocéntrica, pues Cristo es el alfa y el omega, el principio y el fin de todas las cosas. Por esto la Revelación de la sangre del prepucio lleva a romper, a liberar definitivamente con la maldición de la perversión sexual, la corrupción moral que tanto ha dañado a nuestra sociedad y ha destruido millones de vidas y familias.

La aplicación de la sangre del prepucio de Jesús anula que nuestra descendencias sean rebeldes y enemigas de Dios, y hace que nuestros hijos, nietos, bisnietos, tataranietos y demás generaciones sean dedicadas y consagradas al Dios creador de los cielos y la tierra, al altísimo, el más grande, al eterno, al Dios Elohim. Y que aún más allá, después de nuestra transformación y partida de este cuerpo temporal, nuestros descendientes guarden la fe y lleven una vida santa, que contradigan el libertinaje y perversión del espíritu maligno de este siglo.

La circuncisión de Jesús tiene poder profético hasta hoy, y es necesario observarla con entendimiento espiritual, allí hay revelación profunda, santa y sagrada. El sacerdote cortaba el prepucio de forma circular, es decir, quedaba como anillo de pacto en el miembro viril del varón (casamiento espiritual con esa generación). Definitivamente el primer derramamiento de la sangre de Jesús, está profundamente ligado a levantar generaciones limpias y diferentes, y esto comienza precisamente con lo sexual.

Todas las desgracias que vive el planeta son porque millones de seres humanos siendo niños, no fueron presentados a Dios y mucho menos se les aplicó la sangre santa del prepucio de Jesús. El nacimiento de cada ser humano fue en tinieblas y no hubo nada que cortára con las maldiciones ancestrales, éstas, al no ser rotas continúan las distintas líneas de iniquidad desbastadoras, cada vez con mayor fuerza, aumentando el dominio satánico en las generaciones nacientes.

Con la revelación de la sangre del pacto de la circuncisión de Jesús se rompe todo. No olvide que la sangre de Cristo derramada por el corte del prepucio en su circuncisión al octavo día de nacido, es la misma que la de los clavos y tiene el mismo poder, pero por la ignorancia de esta verdad, el mundo tiene generaciones corruptas y rebeldes, entregadas a la lujuria y la maldad, todo por falta de la revelación de la sangre santa del prepucio de Jesús. Bíblicamente es la primera y tiene un ilimitado poder liberador. Es tan grande, omnipotente y extraordinario que me falta lenguaje para decir el impacto liberador de esta sangre en el mundo espiritual y profético en millones de seres humanos, cuya vida es un desorden total, quieren cambiar pero están atados y no hay fuerza humana que lo logre. Quiero que tenga claro que todas las corrientes de desorden sexual están ligadas a fuerzas malignas, y sólo la sangre de Cristo de su primer sacrificio, es decir, el de la circuncisión los puede liberar real y definitivamente.

Jesús, la brecha eterna.

Jesús, a través de la sangre del prepucio derramada en el templo, estableció como hijo unigénito del Padre, la primicia de generaciones plenamente santas, libres de los yugos malignos de la obra de las tinieblas. La vida de Cristo fue santa, no solamente en el ejercicio de su ministerio, sino en su muerte, resurrección y ascensión; Jesús vivió sin pecados de inmoralidad sexual, Dios lo quiere así en nosotros y créalo que este nivel de santidad no se puede lograr con nuestra fuerza, sino sólo con la revelación de la sangre bendita de nuestro Seños Jesús.

El desorden sexual es cultivo de potestades de destrucción

Hay 3 tipos de potestades y espíritus satánicos que trabajan de la mano con los espíritus de lujuria y desorden sexual:

• Activación de la muerte repentina.
• Activación de los distintos tipos de cáncer.
• Activación de la ruina, la miseria, la pobreza.

Activación de la muerte repentina

Los seres humanos que no entienden que es necesario aplicar la sangre del prepucio de Jesús, piensan que todo se queda en la satisfacción del gozo sexual pasajero. En el mundo espiritual todo se trabaja en cadena. El salmista dice, *"un abismo llama a otro abismo"*, cuando una potestad maligna entra en un cuerpo, él llama por lo mínimo a 7 más, hasta corromper profundamente al ser humano.

La persona que le da entrada al adulterio, a la fornicación, al homosexualismo y tantas distorsiones sexuales que ofenden a Dios, le da autoridad al espíritu satánico para que en cualquier momento le quite la vida. Es por eso que hoy mueren más personas jóvenes que mayores. La campaña mundial al libertinaje viene del demonio, el maligno necesita quitarle la vida a millones y entre más pronto lo logre para satán es mejor.

El acto sexual fue establecido como un recurso del

Dios eterno para la multiplicación de los hijos de pacto en el planeta y el disfrute dentro del orden Divino, por eso es que todo acto sexual en el matrimonio trae gozo, alegría y también honra a Dios, porque desde el principio Dios creó la pareja con ese propósito. La convivencia de la pareja y las relaciones en la pareja glorifican a Dios, la vida en matrimonio glorifica al altísimo.

La fornicación, el adulterio, el desorden sexual y el homosexualismo, son ofrendas de adoración al diablo, y toda ofrenda tiene su recompensa. Si es a Dios tiene su recompensa, pero si es al diablo también tiene su recompensa. Una de las recompensas inmediatas es el hecho de que se expone a que los demonios le acorten la vida antes de tiempo. Entienda que las relaciones sexuales fuera del orden del matrimonio son una ofrenda a Satanás, y le da legalidad sobre la vida del adúltero, fornicario o aberración sexual.

Activación de los distintos tipos de cáncer

Todos sabemos que los tipos de cáncer que más destruyen y matan a la mujer, son el de cuello uterino y el de mamas. Estos cánceres están vinculados al sistema santo reproductivo que Dios diseñó y creó en la mujer para que se multiplicara y levantara generaciones para Dios, disfrutando en el orden divino del matrimonio; pero a causa del desorden sexual le dio legalidad a Satanás para que se activara directa o de forma generacional una serpiente destructiva que hasta hoy ha carcomido y matado a millones de mujeres.

El cáncer que más ha destruido y matado a los hombres se llama cáncer de próstata, también radicalmente vinculado al órgano reproductor masculino, a causa del cual millones de hombres han muerto.

La tercera manifestación cancerígena es del virus que produce el SIDA o VIH, ciertas investigaciones han descubierto que hay animales que tienen el virus VIH, el cual no les afecta porque forma parte de las micro-enfermedades de su propio organismo, pues tienen las defensas necesarias que los protegen. Según las investigaciones, se cree que seres humanos tuvieron relaciones con esos animales, y por transferencia el virus ha contagiado y matado a millones de homosexuales y heterosexuales. La fornicación, el adulterio y los desórdenes sexuales, tienen una potestad hermana que está conectada a ellos, llamada cáncer. Ellos van, el cáncer los acompaña, una vez que ellos entran a una persona y le abren la puerta a una potestad maligna por transferencia.

Activación de la ruina, la miseria, la pobreza

La tercera operación que se activa es la pobreza, no hay nadie que viva de día y de noche practicando fornicación, cuya economía no se vea afectada terriblemente. Esto ha afectado la vida de artistas, empresarios, políticos y gente de diversos estratos sociales y culturales. Conocemos sobre altas personalidades y otras de estratos más bajos que a causa de sus desorden sexual, han experimentado escándalos financieros desastrosos. Existe una profunda relación entre los desórdenes sexuales, la caída de los políticos, su lascivia y concupiscencia, con la miseria que les rodea.

En los continentes que desprecian el matrimonio, lo que se ve es miseria. La miseria y la ruina no tienen poder sobre los países, pueblos y continentes que son más pulcros

en cuanto a la vida sexual y matrimonial. Es por eso que necesitamos hoy día que usted se vuelva experto en la aplicación de la sangre del prepucio de Jesús.
El texto dice: *"Ellos le han vencido por medio de la sangre del cordero... y el testimonio de ellos"*, es decir, la capacidad profética de ellos al aplicar la sangre. Si usted observa, el texto nos indica que el aplicar esta sangre a su vida, a sus hijos y a sus generaciones experimentará plenitud de bendición. A usted le conviene volverse experto en aplicar esta sangre, liberar su propia vida, la de su familia y su generación.

En la medida que el mundo camina en ignorancia, operan las fuerzas de maldad. A usted le conviene auto imponerse el poder de la sangre de la santificación sexual, la cual le dará dominio propio ante los impulsos sexuales hasta vivir alineado a la santidad pura del matrimonio.
A usted le conviene imponer la mano en el vientre de su esposa cuando sus hijos están a punto de nacer, para que sean libres en el área del desorden sexual. La sangre del prepucio de Jesús es un anillo, esto significa pacto, es como el cónyuge que lleva el código de fidelidad (el anillo en su mano) de su pareja. Cuando la persona recibe la aplicación de la sangre del prepucio de Jesús, activa un anillo supra terrenal que le protege de la voz diabólica de los impulsos y desorden sexual, circuncidando su corazón, tal como lo dijo San Pablo, a la santidad de Dios.
El mundo está mal, por falta de la aplicación de la sangre de Jesús. Millones de niñas salen rebeldes de sus casas en edades en las que se les descontrola la mente, cada día las campañas mundiales quieren ridiculizar la vida del matrimonio conforme al orden de Dios, usando la televisión, radio, cine, el internet y la batalla en las escuelas y universidades, en rebelión contra el pacto de sangre.

El gran problema que existe es que las personas piensan que pueden participar de los desórdenes sexuales y que eso no va a traer consecuencias espirituales. La operatividad satánica sobre las personas que no aplican el pacto de santidad en Cristo, hace que más temprano que tarde se les manifieste la corrupción sexual.

Yo no puedo decir que mi padre era un mal hombre, recuerdo que mi padre se paraba a las cinco de la mañana todos los días a trabajar y llegaba a las siete de la noche, nosotros nunca tuvimos necesidades económicas, pero mi padre tenía un problema, él tenía varias mujeres e hijos fuera de nuestro hogar. Cuando yo me entregué a Jesucristo, la vida cristiana era como una especie de locura para mi padre, pues no lo entendía, cuando llegué a ser un predicador, comencé a darme cuenta de que mi padre, a pesar de ser un hombre que no bebía, no fumaba, era muy trabajador y que a pesar de tener muchas haciendas y trabajar tanto, no veía la riqueza manifestarse en su vida; él no vivió en plenitud financiera, porque se le activó la ruina económica a pesar de tener haciendas muy grandes de alta producción agrícola. Mi padre siendo un hombre joven y con mucho que dar, repentinamente fue golpeado por un cáncer agresivo de próstata, por mucho que hicieron los médicos, finalmente murió. Gracias a Dios, antes de su muerte él confesó a Cristo.

El hecho de que las personas sean trabajadoras y se les considere buena gente, no significa que van a ser libres de las consecuencias de la vida fuera del pacto. La revelación de la sangre es lo único que nos puede librar de la lujuria sexual, por lo tanto, es necesario aplicar la sangre del pacto a los niños.

Una señora tenía un niño de 5 años y en su corta edad lo único que le llamaba la atención eran los chistes de perversión sexual, y en el jardín de niños las maestras estaban asombradas, porque lo único que le interesaba eran los senos de las mujeres y las niñas. A raíz de esto, llamaron a la madre y ella lo llevó al psicólogo. Cuando hay asuntos espirituales profundos, sin el discernimiento debido, no se puede ayudar completamente a la gente.

Cada día el espíritu de lascivia y de lujuria se manifestaba más en el niño, la madre un día estaba en su casa con una niña de 3 años, y no había podido llevar al niño al colegio, cuando esta señora va hasta la cocina, siente el instinto de entrar al dormitorio donde estaba su hijo, al entrar el niño le estaba bajando la ropa para manosear a la niña. Anonadada, acudió a consejería de la iglesia y en la reunión espiritual había un hombre de Dios con discernimiento profético y conocimiento de las operaciones de oscuridad. El hombre de Dios preguntó: ¿En qué condiciones fue engendrado el niño? Ella respondió: "En el tiempo cuando salí embarazada de mi hijo llevaba una vida profundamente desordenada y de alta promiscuidad sexual, por noches me acostaba con varios hombres y realmente no sé quién es el padre biológico de mi hijo, así quedé embarazada, tres meses después me entregué a Jesús y luego me casé con mi esposo que es obrero acá en la iglesia y estamos viviendo esta terrible crisis familiar".

El profeta vio por el Espíritu Santo que la criatura en su vientre después que fue engendrada, fue poseída por un espíritu perverso de desorden sexual, y que los espíritus que atormentaban a la madre en medio de sus lujurias se le pasaron al bebé desde su engendramiento, debido a ello se manifestaban en esa conducta aberrante; al niño lo controlaban fuerzas del mal. Si ese niño no hubiese sido ministrado con autoridad espiritual y la sangre del Cordero, hubiese sido un gran médium diabólico de corrupción como los miles que existen hoy día en los distintos puestos de dominio, invirtiendo miles y millones de dólares en defender y propagar la corrupción y perversión de las nuevas generaciones.

Todas las personalidades que hoy día promulgan el libertinaje sexual en el mundo, lo defienden y promueven leyes, diseñan programas perversos en los gobiernos, son impulsados por fuerzas contrarias que por falta de la revelación de la sangre tomaron dominio de sus mentes y corazones, llevándole la contraria al orden establecido de Dios empeñados en dar rienda suelta, sin limitaciones de ningún tipo (moral, ni legal), a satisfacer sus propias aberraciones.

El profeta con discernimiento, enseguida atacó a la potestad con la autoridad de la sangre del Cordero de Dios (Jesús nuestro único Salvador), el ministro ordenó que saliera toda inmundicia del niño y de inmediato fue libre, los ojos del niño cambiaron y nunca más fue movido por la lujuria perversa de Satán, el niño fue libre para siempre.

Satán con sus demonios trabaja todos los días para que cada ser humano tenga una experiencia sexual fuera del orden de Dios, es decir, fuera del matrimonio, para así activarle maldiciones, tales como: El cáncer, la pobreza, la muerte repentina y muchas otras más, activadas por espíritus que entran por las primeras experiencias sexuales fuera del santo orden del matrimonio. La relación sexual fuera del orden de Dios es una ofrenda espiritual que conecta al ser humano con un mínimo de 7 espíritus peores, como los que tenía María Magdalena. San Juan 8.

Usted debe tener mucho cuidado, porque es extremadamente necesario conocer el poder de la sangre del prepucio de Jesús, la sangre santa de la dedicación para la consagración de los miembros sexuales y así no entrar en maldición, siendo libres para levantar generaciones de amor en Dios.

Cuando las niñas o los jóvenes han sido violados, por lo general es en esas primeras relaciones donde hay algún tipo de derramamiento de sangre, ese sacrificio es una ofrenda de dedicación espiritual, donde se activan distintos tipos de demonios. Es por eso que día tras día la rebelión toma millones de niñas, niños y jóvenes de todas las razas y culturas del mundo. Estos, después de ser abusados entran en aberraciones donde no les importa nada, ni el esfuerzo de los padres, ni la voz de los ministros, ni ningún tipo de consejería familiar porque hay fuerzas mayores que le tomaron la mente y dominan su cuerpo, debido a una ofrenda de sangre, dedicación y sacrificio para deshonra a Dios y a los padres, y por ese conducto o puerta espiritual entraron las fuerzas malignas que le tomaron la mente, hasta llevarlo a cometer locuras.

La violación sexual de hombres y mujeres no sólo es un asunto de carácter sexual, sino que es una fuente de conexión espiritual con las tinieblas.

Millones de rebeliones que vemos hoy día comenzaron con lo que parecía ser un simple contacto sexual fuera del orden de Dios, y fue allí donde precisamente entraron los espíritus de locura que dominan sus mentes.

Es por eso que, ahora y más que nunca, debemos conocer la revelación de la sangre del prepucio de Jesús, ésta fue derramada cuando al octavo día de su nacimiento es presentado en el templo, allí Jesucristo siendo aún un niño marcó la historia para levantar nuevas generaciones santas y libres del desorden que ha afectado a millones de vidas desde la antigüedad hasta hoy y que sólo pueden ser libres si aplicamos la revelación de su sangre santa.

Recomendaciones:

- Aplique de todo corazón y en voz alta la sangre del prepucio de Jesús sobre su vida, corte con toda línea de iniquidad, consciente e inconsciente.
- Si está casado aplíquenselo y reclamen la santidad sexual: Coloque la mano en la frente de su esposo o esposa y declare que la sangre santa del prepucio de Jesús les libra de las líneas de iniquidad en lo sexual. Siendo conscientes de que hay millones de cónyuges que viven soñando con relaciones anteriores, porque su mente es tomada por imágenes distintas a las de su pareja en medio de la relaciones, lo cual es perverso, y por lo tanto hay que aplicar la sangre de la santificación.
- A todos los que tienen hijos entre 1 y 7 años es necesario ministrarles la sangre del prepucio de Jesús, ya que esa es la edad propicia donde los niños y niñas son abusados, donde la culebra de la perversión los quiere morder, por esto es necesario cubrirlos plenamente bajo el poder sobrenatural de la sangre.
- Todo niño y niña de 7 a 12 años en su gran mayoría ya han tenido alguna experiencia sexual, sea de violaciones, pornografía, abusos y distintos tipos de maltratos. Mayormente donde más sufren es en el seno familiar por la falta de revelación y liberación en los hogares.
- Toda persona de 12 años (tiempo de gobierno) en adelante asume responsabilidad de sus acciones sexuales, es preciso que allí exista confesión de acciones para ser libres y aplicar la sangre de Jesús para la liberación total.
- Los que tienen hijos jóvenes que tienen comportamientos incorrectos, es necesario que en sus cuartos se le ministre

con o sin ellos. Libérelos de forma total por la sangre del prepucio de Jesús.
- No le tenga lástima a las potestades de la lujuria sexual, no importando el poder espiritual que posean, todas son vencidas por el poder de la sangre de Jesús, revelado en Apocalipsis 12:11 todos esos demonios tienen que salir en el nombre de Jesús. Amén.

Sin la revelación de la sangre del prepucio de Jesús se puede ser religioso, pero tener una vida atormentada sexualmente por el enemigo. Es por eso que los humanos que llevan doble vida, aparentan una cosa, pero en su intimidad viven un verdadero tormento.

¿Se ha dado cuenta usted que no hay color, raza, ni país, que venza el desorden sexual, pues éste junto con la corrupción están relacionado con fuerzas de opresión que las promueven.

APLICANDO LA SANGRE SANTA DE LA CIRCUNCISIÓN
Declaración profética guía

Declaro que:
"Hoy entiendo que la sangre santa de Jesús, la que derramó en el templo el día de su circuncisión, es especialmente santa y bendita para mí, la llamo con todo mi corazón.
Y ahora, declaro que esta preciosa sangre santa y bendita me hace libre de toda obra de iniquidad.

Se rompe ahora mismo en mí, todo desorden sexual ancestral, se rompe toda conexión con la lujuria de mis apellidos, hoy desaparecen de mi vida todo falso modelo obtenido por contactos, imágenes, palabras y deseos aberrantes; desaparecen ahora mismo de mi vida, toda conexión con la pornografía, la promiscuidad, las relaciones homosexuales y las ligaduras con animales.

En el nombre de Jesús, por su sangre bendita soy liberado(a) totalmente de toda ligadura que recibí por abusos sexuales, se rompe toda atadura con personas que, cargadas de pecados en alto grado, maldijeron mi vida.

Por el poder de la bendita palabra de Dios declaro, que soy libre no solamente de lo que me hicieron, sino de lo que yo hice también.

Ahora mismo por la sangre del cordero en Cristo Jesús, soy una nueva criatura y entro en la dimensión santa de sueños, pensamientos y palabras, semejante a Jesús.

Mi vida, consciente e inconsciente, y mi voluntad son gobernadas total y absolutamente por el bendito Espíritu Santo, el cual me hace firme y radical en el mundo de la santidad sexual.

Salen de mi vida perversas imágenes de excitación, películas de alto contenido mórbido, ropas obtenidas específicamente para tentar o para mostrarme indebidamente.

Por el poder de la Palabra, aplico la justicia divina, porque no sufriré de descontroles tormentosos en lo sexual nunca más. Hoy acepto el gobierno de Dios en mi vida, acepto su santidad, me alineo al orden sagrado de Jesús, lo acepto para mi vida y para mis generaciones después de mí.

En el Nombre Poderoso de Jesucristo y por el poder de la Palabra, mi vida será un testimonio santo, porque con la fuerza de la sangre santa del poder de Jesús queda rota toda operación maligna que me ha perseguido por años, para siempre. Y no volverán nunca jamás....

Desde hoy, por el poder de la sangre de Jesús, queda establecido en mí el orden santo, el dominio propio, el poder y la autoridad para que en las áreas sexuales nunca más sea atormentado(a), sino para disfrutarlas conforme al orden establecido por Dios.

Por la sangre santa del prepucio de Jesús, queda establecido de forma radical y absoluta que soy la generación de Sión.
Soy hijo discípulo(a) de Jesús, marcado, sellado y separado por su Sangre. Viviré y seguiré su ejemplo, creo en su santidad, creo en su pacto, creo en ser ejemplo, en ganar a otros para que sean libres también, así como yo he sido liberado.

Compartiré esta palabra, no permitiré que se quede sólo conmigo, sino que la impartiré hasta que se cumpla lo que dijo David: *"Señor, siéntate a mi diestra hasta que ponga mis enemigos por estrado de mis pies..."*
Gracias Padre eterno, por Jesucristo y por su sangre bendita.
Amén.

3

APLIQUE LA SANGRE DERRAMADA
EN GETSEMANI
POR JESÚS

Capítulo TRES

APLIQUE LA SANGRE DERRAMADA EN GETSEMANI POR JESÚS

"Y estando en agonía, oraba más intensamente; y era su sudor como grandes gotas de sangre que caían hasta la tierra" - Lucas 22:44

Los pecados espirituales que llegaron a la tierra por el pacto del primer Adán con el Diablo, son los más grandes y delicados, es por eso que Jesús derramó su sangre como sudor, asegurándose que cayese en tierra, esto tiene un significado profundamente sagrado y extraordinario.

El pecado de la traición movido por el orgullo, la soberbia y la altivez de espíritu, Satán los depositó en la tierra por el acuerdo con el primer Adán, es por eso que desde allí en adelante los seres humanos muchas veces aún sin darse cuenta traicionan y son traicionados.

Judas Iscariote

Judas Iscariote, en el conocimiento del discernimiento profético no es una persona humana, sino la manifestación de la plenitud de una potestad de traición, que existe y que se manifiesta todos los días perturbando a millones de vidas por la falta de la revelación de la sangre de Cristo, la cual él derramó en el monte de Getsemaní.

Una potestad activadora de amargura y dolor

Si existe algo que hace sufrir a los seres humanos, es la maldición de la traición por personas que por lo general le han servido, la meta de esta operatividad maligna y diabólica es crear obstinación y amargura en la vida del traicionado.

Cuando el ser humano es traicionado pierde la fe, la confianza y también entra en rebelión, orgullo y altivez de espíritu.

ADN contaminado

La traición es como el veneno que posee el escorpión o la serpiente que nace en ellos sin que den cuenta. Los seres humanos traicionan y son traicionados diariamente de forma normal, porque es parte del actuar de la vida sin la revelación de la sangre de Jesús, la cual derramó en Getsemaní. No tiene sentido que una persona que prometió amor para siempre en un altar, a los pocos días sin ningún problema termina traicionando a su pareja. No se puede entender como después que una madre y un padre lo dan todo por un hijo o hija en un momento de la vida, ese hijo que aquella mujer llevó en su vientre por nueve meses, o ese hijo que su padre invirtió todo durante su crecimiento para que en determinado momento de la vida termine traicionando, despreciando y hasta con una rebelión de alto grado.

Las traiciones que se ven en los negocios, las congregaciones, entre hermanos, en la política y la administración pública, son escandalosas, no existe ningún ser humano que nacido de mujer no tenga una historia de traición que contar, porque ésta potestad nace con todo ser humano y la portará y se le manifestará a menos que sea rota con la sangre de Jesús.

El peligro de vivir sin discernimiento

Cuando el ser humano vive sin discernimiento de esta maldad que lleva por dentro sin que se dé cuenta se hacen tratos, pactos de palabra humana y aún juramentos, pero todos terminan controlados por la plaga maligna de la traición, ya que el ser humano no puede ser fiel por sus propias palabras sino por la fuerza de Dios, La escritura lo dice: *"Maldito el hombre que confía en el hombre"*.

La falta de discernimiento ha hecho que se cometan millones de errores de casamientos, negocios en lo político y que se confié aún entre hermanos carnales, pero no discernir que la traición es una potestad maligna ha hecho sufrir a millones y esta sólo puede ser derrotada con la sangre del Getsemaní. Confiar en el ser humano sin la revelación de la sangre, es como vivir con alacranes ignorando que en cualquier momento te pueden clavar su veneno. El peligro de pensar que los humanos son buenos es un desastre, nadie es bueno sin la revelación de la sangre de Getsemaní, todo ser humano traiciona.

Hace unos 20 años un amigo, me habló de una universidad cristiana que era muy famosa en América Latina, no había podido avanzar a pesar de tener 40.000 estudiantes en el mundo. Bueno, hay un don que Dios me entrego, y es de servir sin ninguna malicia, pero aunque usted haga algo sin maldad eso no significa que a usted no lo van a traicionar. Hacer tratos con cualquier ser humano, sin la revelación de la sangre que derrotó al espíritu que acompañaba a Judas Iscariote, es un desastre.

Tengo compasión por las niñerías espirituales de millones que en la falta de discernimiento, son arrastrados por la potestad de la traición.

Lo primero que hice fue hablar con algunos amigos míos y promoví la escuela a varios países, en unos 1500 estudiantes, en otros 1000, en otros 500, e inclusive le ayudé en algunas ciudades de USA a establecer la escuela. No recibía pago alguno, yo todo lo hacía por querer servir, no me pagaban ni un tiquete de avión a los países donde iba con el objetivo de yo poderles ayudar. En una ocasión cuando la universidad ya está bien parada con algunos 5000 estudiantes entre los hispanos, Dios me dió un sueño en el cual la persona a la que servía me despreciaba y se iba con otra persona. Me mostró a las personas que después de que yo les serví me daban la espalda y vi cuando me decían que yo era un ladrón, todo eso yo lo vi en sueños. Le diré que la falta de discernimiento es un desastre, ignoré el sueño, no confronté al espíritu de Judas Iscariote, que quería maldecir ese proyecto tan lindo y no apliqué la sangre de Getsemaní. Aunque le conté a mi amigo, él mirándome a los ojos me dijo que eso era imposible, no pasó una semana cuando apareció el personaje que lo hechizó y lo arrastró, le habló mal de mí y ni si quiera le dio gracias a la persona que le sirvió. Lo único que repetía es que yo era un ladrón. Como usted comprenderá esto no se puede entender sin discernimiento, esto es la historia que pasa todos los días en todos los ámbitos de la tierra.

Le diré que eso me pasó varias veces en mi vida, hasta que un día, Dios me llevó a una ministración de alta confrontación contra esas potestades usando la sangre del cordero de Dios. Lo que da es pena cuando uno ve juramentos entre políticos de ser fiel, cuando todos sabemos que ese es un mundo cargado de traición; me entristece profundamente cuando una muchacha da su virginidad a un joven con la promesa que si hace eso le será fiel, todo eso ocurre por falta de discernimiento y la revelación de la sangre de Cristo derramada en Getsemaní.

Hay miles de mujeres y hombres que en todas las relaciones que han tenido no se mantienen porque viven la vida atormentada por la potestad de la traición.

¿Qué persigue la maldición de la traición?

Esta es la fuerza maligna para que los seres humanos entren en locura, se llenen de amargura, dolor, pierdan la fe y el deseo de triunfar, ya que cuando una persona ha sido traicionada muchas veces deja de confiar que se puede salir adelante, y que si se pueden levantar relaciones sanas. Las personas que han sido traicionadas y no tienen la revelación de la sangre del Getsemaní viven en la amargura creyendo que no se puede, dudan de todo el mundo, pierden la fe, no creen en el matrimonio, no aman la familia y no hacen negocios porque piensan que no se puede avanzar. Es necesario conocer este poder omnipotente de la sangre del Getsemaní y romper toda línea de iniquidad que no permite llevar al éxito en su vida diaria.

Las potestades de la traición tienen distintas porciones

No todas las porciones son iguales, hay personas, razas, países, continentes apellidos y pueblos con mayor potestad que otros. Llegué a cierto país donde me encontré con un ministro que tenía tanta amargura que para él; no existían hombres de bien, todos eran malos. Para su hija de 37 años no había oportunidad de encontrar un hombre de bien según él. Sus ojos estaban llenos de amargura, obstinación y dolor. De pronto la muchacha de 37 años se encontró con un creyente de la iglesia, era un ministro, el padre se reveló y dijo muchas maldiciones, él creía que eso era lo peor, cuando yo supe la situación lo senté a solas y le dije: "Tu estás atormentado por el espíritu de la traición ya que has vivido mucha traición, tus ojos para ver al prójimo no son normales, necesitas aplicar la sangre del Getsemaní sobre tu vida, para que vuelvas a ver la vida con ojos del triunfo". Lo hizo así, su hija se casó y ella hasta hoy es profundamente feliz por la bendita misericordia de Dios".

Hay líneas políticas de países que no cambiarán hasta que llegue un presidente y llame a ministros de revelación y conozcan esto, de otra manera se dividirán todos los días por la maldición de la traición.

Un amigo me contó que tenía una meta de crecimiento, cuando logró la meta de crecimiento y éxito ministerial, 24 horas después le estaban dando 7 disparos y entró en estado de terapia intensiva. ¿Qué fue lo que le paso a esta persona?. La maldición de la envidia activó fuerzas de destrucción, porque la excelencia provoca envidia y si no se aplica la revelación de la sangre del Getsemaní, aparecen espíritus de destrucción.

Los espíritus hermanos de la traición

Los espíritus hermanos de la traición son fuerzas de destrucción que se mueven enviadas por los ojos y los labios.

Le explicaré; cuando tus hijos van creciendo sanos y usted no le ha aplicado la sangre de Cristo, no piense que todo el mundo es normal, que no hay gente con ojos malos y confesarán enfermedades, es más hay personas que con sólo tocarlos le activan accidentes y enfermedades a una persona sana.

Si su matrimonio, su empresa están andando bien o usted tiene buena relación con su padre, madre o su pareja, existen personas que tienen alto voltaje de traición, al confesar maldad activan la contienda y el dolor entre las parejas, los negocios, padres, hijos, liderazgo de la iglesia y entre hermanos.

El espíritu de traición genera ambientes de conflictos

"Entonces María tomó una libra de perfume de nardo puro, de mucho precio, y ungió los pies de Jesús, y los enjugó con sus cabellos; y la casa se llenó del olor del perfume.
Y dijo uno de sus discípulos, Judas Iscariote hijo de Simón, el que le había de entregar: ¿Por qué no fue este perfume vendido por trescientos denarios, y dado a los pobres?
Pero dijo esto, no porque se cuidara a los pobres, sino porque era ladrón, y teniendo la bolsa, sustraía de lo que se echaba en ella.
Entonces Jesús dijo: Déjala; para el día de mi sepultura ha

guardado esto. Porque a los pobres siempre los tendréis con vosotros, más a mí no siempre me tendréis". - Juan 12:3-8

En las reuniones familiares, en las iglesias, los equipos de trabajo, hay muchos infiltrados con alto voltaje de espíritus de traición, todo lo que dicen y hacen es para generar contiendas y ambientes perversos. En esta oportunidad Judas criticó a la mujer que derramó el perfume, porque el evaluó que si se vendía ese perfume y el dinero entraba a la bolsa, él sacaría y lo utilizaría no para los pobres sino para su propio beneficio.

"Pero dijo esto, no porque se cuidara a los pobres, sino porque era ladrón, y teniendo la bolsa, sustraía de lo que se echaba en ella".

Por lo general las personas que critican continuamente lo que se da para la obra de nuestro Dios, están tomados por los espíritus de traición y envidia, la gran mayoría de sus críticas no son justas, son demonios activados en sus ADN de traición. Judas por lo que se ve era un gran comunicador, hablaba continuamente, usted necesita reconocer a las personas que tienen alto voltaje de traición para que los neutralice o se aparte de ellos porque sino le contaminaran su ambiente de gloria.

"Entonces Jesús dijo: Déjala; para el día de mi sepultura ha guardado esto. Porque a los pobres siempre los tendréis con vosotros, más a mí no siempre me tendréis"

Por ejemplo es casi normal que todo el que acusa tiene espíritu de traición y siempre esconde algo, Jesús lo demostró en el caso de la mujer que liberó de la prostitución.

Acusaciones venenosas con traición

"Entonces los escribas y los fariseos le trajeron una mujer sorprendida en adulterio; y poniéndola en medio, le dijeron: Maestro, esta mujer ha sido sorprendida en el acto mismo de adulterio. Y en la ley nos mandó Moisés apedrear a tales mujeres. Tú, pues, ¿qué dices? Más esto decían tentándole, para poder acusarle. Pero Jesús, inclinado hacia el suelo, escribía en tierra con el dedo. Y como insistían en preguntarle, se enderezó y les dijo: El que de vosotros esté sin pecado sea el primero en arrojar la piedra contra ella.
E inclinándose de nuevo hacia el suelo, siguió escribiendo en tierra. Pero ellos, al oír esto, acusados por su conciencia, salían uno a uno, comenzando desde los más viejos hasta los postreros; y quedó solo Jesús, y la mujer que estaba en medio. Enderezándose Jesús, y no viendo a nadie sino a la mujer, le dijo: Mujer, ¿Dónde están los que te acusaban? ¿Ninguno te condenó? Ella dijo: Ninguno, Señor. Entonces Jesús le dijo: Ni yo te condeno; vete, y no peques más" - Juan 8:3.

Generalmente las personas que tienen alto voltaje de traición en su vida, ellos en vez de restaurar hablan continuamente de los errores de los demás. Usted no espere que una persona que esté hablando mal de otros va a hablar bien de usted, eso es imposible, en el libreto de la película de esa persona cargada de alto voltaje de traición usted estará en el próximo capítulo.

Estos vagabundos no pensaban en esa alma sino en cómo tentar a Jesús para acusarles. Hay conversaciones que usted nunca debe participar, hay comentarios que no debe ni escuchar, tape sus oídos o el espíritu de traición lo hechizará, este maldice a las personas y endurece corazones. Por lo general la mayoría de las personas que tienen espíritus de traición, sus comentarios comienzan con una base razonable pero cargadas de maldad interior, si usted no se sacude y sigue jugando con esa culebra usted quedara hechizado y ese veneno se le traspasará.

En la gran mayoría de los escándalos las personas traicioneras no dan la cara, ellos contaminan a otros y se quedan como si nada, así camina el mundo, enfermo por falta de la revelación de la sangre santa de Jesús derramada en Getsemaní.

Por lo general los traicioneros no hablan para edificar sino para conseguir adeptos y para tentar, como el corazón de Judas que estaba enfermo. Pare de inmediato a las personas traicioneras, sino el huevo que le hayan soltado en su vida, casa y ministerio le dará a luz hijos.

Hay personas que usted no puede aceptarle regalos, ni permitirlos en su casa, ni aceptarles dinero, ni montarlos en sus carros, ni permitirlos, porque por más dones que tengan son personas de alto voltaje que contaminan a la gente humilde por falta de revelación. Judas nunca engañó a Jesús, siempre el maestro lo descubrió.

"Entonces Jesús dijo: Déjala; para el día de mi sepultura ha guardado esto. Porque a los pobres siempre los tendréis con vosotros, más a mí no siempre me tendréis".

Abra sus ojos, la traición trae estancamiento

También Lot, que andaba con Abram, tenía ovejas, vacas y tiendas. Y la tierra no era suficiente para que habitasen juntos, pues sus posesiones eran muchas, y no podían morar en un mismo lugar. Y hubo contienda entre los

pastores del ganado de Abram y los pastores del ganado de Lot; y el cananeo y el fariseo habitaban entonces en la tierra. Entonces Abram dijo a Lot: No haya ahora altercado entre nosotros dos, entre mis pastores y los tuyos, porque somos hermanos. ¿No está toda la tierra delante de ti? Yo te ruego que te apartes de mí. Si fueres a la mano izquierda, yo iré a la derecha; y si tú a la derecha, yo iré a la izquierda.
Y alzó Lot sus ojos, y vio toda la llanura del Jordán, que toda ella era de riego, como el huerto de Jehová, como la tierra de Egipto en la dirección de Zoar, antes que destruyese Jehová a Sodoma y a Gomorra. Entonces Lot escogió para sí toda la llanura del Jordán; y se fue Lot hacia el oriente, y se apartaron el uno del otro. Abram acampó en la tierra de Canaán, en tanto que Lot habitó en las ciudades de la llanura, y fue poniendo sus tiendas hasta Sodoma". - Génesis 13:5-10.

Lot salió de Ur de los Caldeos, pero la cultura de allí con todos los demonios la tenía en él. Abraham lo crió, le dio ganado, oro, plata y una familia. Y este ser humano no respetaba a su tío sino que generaba contiendas, ¿A quién se le ocurre eso?, Lot no estaba liberado, su presencia estancó por muchos años la vida del patriarca, generándole sólo problemas, donde llegaba generaba pleitos pero después de Abraham hacer un altar donde derramó sangre (haciendo un paralelo de la sangre de Getsemaní) a Abraham se le abrieron los ojos y dijo:

"¿No está toda la tierra delante de ti? Yo te ruego que te apartes de mí. Si fueres a la mano izquierda, yo iré a la derecha; y si tú a la derecha, yo iré a la izquierda".

No podemos jugar con el espíritu de traición, hay que cortarlo de raíz como quien saca a un cáncer del cuerpo, sino se hace será peor.

En el tiempo de Abraham un sacrificio de animal le rebeló el espíritu de traición y lo pudo sacar, hoy nosotros estamos en ventaja porque tenemos la sangre del Getsemaní, esta tiene todo el poder para romper toda obra de maldad.

Como opera el espíritu de traición

Los demonios son espíritus que para crear discordias, dolor, angustias y se meten a una persona cerca de usted, con el espíritu de traición para amargarle la vida, los espíritus de traición jamás operan con personas lejos de usted.

Con Jesús operó en Judas.
Con Abraham operó en Lot.
Con Abel operó en Caín.
Con David operó en Saúl y su hijo Absalón.
Con Noemí operó en Orfa.
Con el Rey Asuero operó en Aman preparando la orca a los Judíos.
Y en usted, ¿Con quién ha operado?...

Ahora usted se va a levantar y a romper todo espíritu de traición, hay algo que me llamó mucho la atención y es que cuando Cristo derramó su sangre en Getsemaní rompiendo el espíritu de traición, la sangre cayó en tierra, esto implica que el planeta completo fue manchado por el espíritu de traición.

7 Recomendaciones para romper el espíritu de traición

En una hoja haga la lista de las experiencias que usted ha vivido y que usted conozca donde se le manifestó la traición, ya sea en el área familiar, financiera, en las relaciones pasionales, trabajos o negocios.

Cuando usted mira las finanzas diferentes y usted quiere bendecir la obra con proyectos de alto alcance financiero, se atraviesa el espíritu de traición para maldecir ese plan de modo que nunca se dé una de las áreas más protegidas por este espíritu y que más es atacada, el dinero.

Recuerde las palabras de maldición y de malos deseos que dijeron de usted cuando estaba operando el espíritu de traición y los va a anular por el poder de la sangre Cristo derramada en el Getsemaní. Proteja toda obra de excelencia que Dios le ha dado como: Tierras, su matrimonio, sus hijos, sus padres, hermanos, sus discípulos(as), casas, negocios, carros, propiedades, cuentas bancarias y hasta la salud; toda área en que usted este teniendo éxito necesita neutralizar el espíritu de traición, si está creciendo en la iglesia necesita neutralizar el estancamiento, una persona no redimida puede acercársele para maldecir el crecimiento.

Cada vez que usted recibe una idea del cielo que va a bendecir a millones de vidas se activa el espíritu de traición para que no se dé, se retrase o nunca llegue a su fin, es por eso que usted debe aplicar la sangre de Cristo derramada en el Getsemaní. Cada vez que usted tenga un proyecto de Dios que va a bendecir su país, su ciudad, su pueblo, su barrio o su calle se va a manifestar el espíritu de traición para detener y estancar la obra.

Oración de rompimiento

Hoy en el nombre de Jesús, que es el nombre sobre todo nombre, el cual derramó su sangre en Getsemaní y allí esa sangre sudada cayó a tierra, porque la tierra fue envenenada con el espíritu de la traición y por eso las reacciones de rebelión de la tierra misma, porque la creación gime por la manifestación profética de los santos de Dios que con autoridad aplique la sangre de Getsemaní.

Me levanto en este día con el poder de la sangre de Getsemaní para redimir mi territorio asignado donde se han manifestado obras de traición en todos los aspectos; en todo conflicto territorial de guerras y manifestaciones de muertes en zonas específicas aplico la sangre del Getsemaní.

Toda palabra de Judas Iscariote para manipular los tesoros que Dios haya asignado para mí, declaro que hoy caiga su engaño y lo hacemos pedazos por la sangre de Cristo derramada en Getsemaní.

Toda maldición que ha viajado en la piel de los humanos donde la mentira se ha manifestado con el germen de la hipocresía, en personas que le he servido, hoy se rompe el espíritu de la traición por la sangre de Getsemaní. En las áreas sentimentales, sexuales, las relaciones íntimas donde se ha manifestado la maldición de la traición hoy aplico la sangre de Getsemaní; hoy protejo el éxito que estoy viviendo con la sangre de Getsemaní, tierras, casas, familia, matrimonio y las personas que me has dado, los protejo con la sangre de Getsemaní.

Mis amistades, mis alianzas estratégicas, mis discípulos y mis conexiones más importantes en la obra de Dios son protegidos por la santa sangre del Getsemaní.

Hoy activo sobre mi vida, sobre mi apellido la sangre de Getsemaní y queda borrado de mi existencia para siempre y no vuelve más Satán con sus espíritus sobre mí y mi familia, mi carrera, vida, ministerio, finanzas, salud y relaciones personales, declaro las palabras de anulación que nuestro hermano el apóstol Pedro dijo:

"Todos éstos perseveraban unánimes en oración y ruego, con las mujeres, y con María la madre de Jesús, y con sus hermanos. En aquellos días Pedro se levantó en medio de los hermanos (y los reunidos eran como ciento veinte en número), y dijo: Varones hermanos, era necesario que se cumpliese la escritura en que el Espíritu Santo habló antes por boca de David acerca de Judas, que fue guía de los que prendieron a Jesús, y era contado con nosotros, y tenía parte en este ministerio. Este, pues, con el salario de su iniquidad adquirió un campo, y cayendo de cabeza, se reventó por la mitad, y todas sus entrañas se derramaron. Y fue notorio a todos los habitantes de Jerusalén, de tal manera que aquel campo se llama en su propia lengua, Acéldama, que quiere decir, campo de sangre. Porque está escrito en el libro de los Salmos: Sea hecha desierta su habitación, y no haya quien more en ella; y: tome otro su oficio". - Hechos 1:14-20.

Por el poder de este documento le cierro la puerta de acceso a las operaciones de traición que se han ministrado en mi contra, declaro que las distintas manifestaciones de traición que operaron en mi contra reciban esta palabra.
"Sea hecha desierta su habitación, y no haya quien more en ella; y: Tome otro su oficio".
Por el poder de la sangre de Getsemaní, le niego el acceso a todo espíritu de traición que generacionalmente se manifestó en mi contra para hacerme llorar. Hoy comenzó un tiempo nuevo para mí, soy libre para siempre de todo espíritu

de traición, por la sangre que mi Jesús derramó en Getsemaní haciéndome libre de esta potestad, haciendo libre mi tierra, haciendo libre mi piel para que cada elemento de mi ser sea protegido con la sangre de Getsemaní.

4

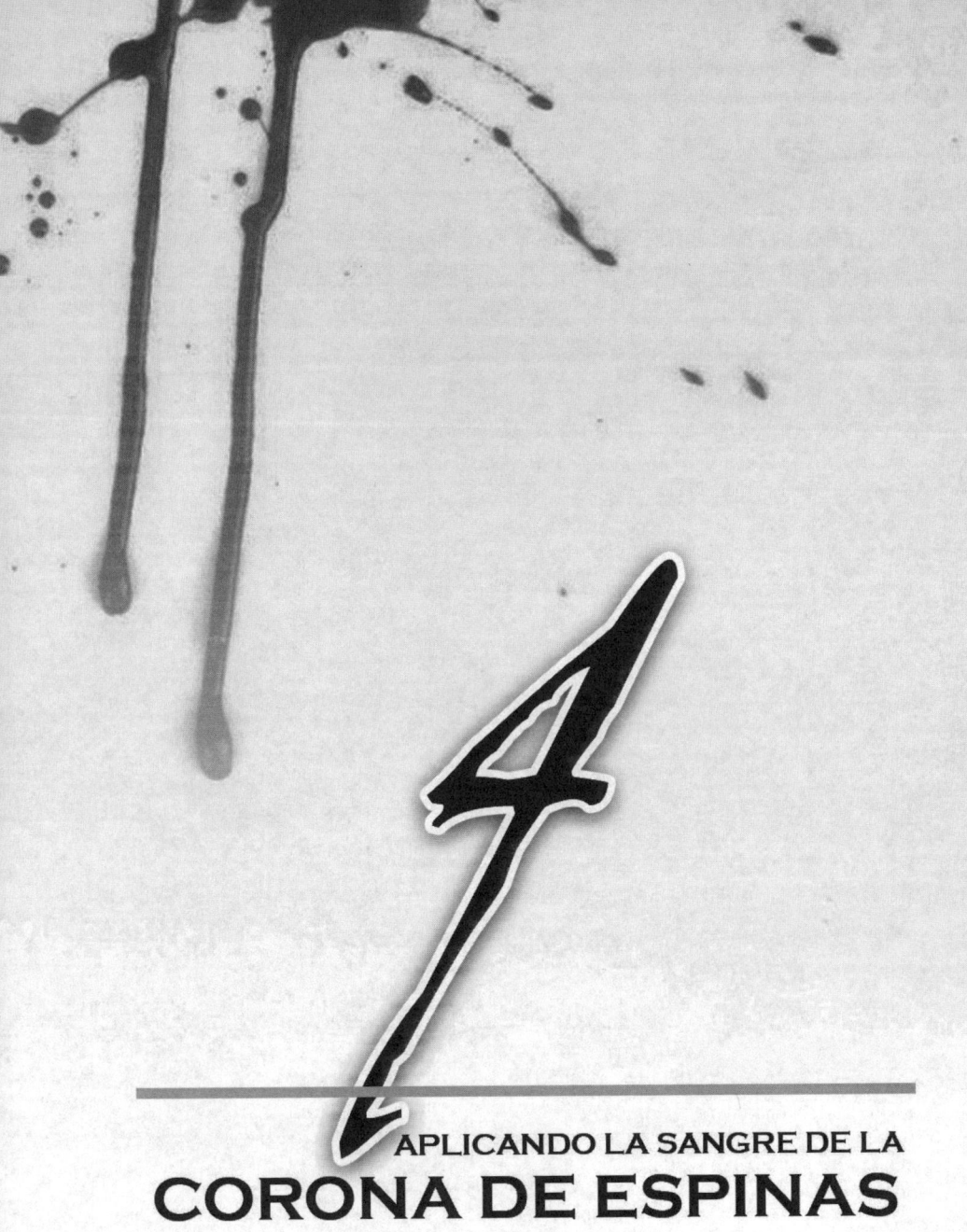

APLICANDO LA SANGRE DE LA
CORONA DE ESPINAS

Capítulo CUATRO

APLICANDO LA SANGRE DE LA CORONA DE ESPINAS

"Y pusieron sobre su cabeza una corona tejida de espinas, y una caña en su mano derecha; e hincando la rodilla delante de Él, le escarnecían, diciendo: ¡Salve, Rey de los judíos! Y escupiéndole, tomaban la caña y le golpeaban en la cabeza".
- Mateo 27:29-30

El primer Adán estaba en la plenitud de vida eterna, el pecado con sus tinieblas no había llegado a su vida y operaba de forma perfecta a la imagen y semejanza de Dios; pero cuando pactó con el pecado entregó el alma del ser humano a las tinieblas y al control de la hechicería, entró en brutalidad y perdió la inteligencia espiritual.

Le explicaré como operaba el primer Adán con inteligencia espiritual:

- Puede hablar cara a cara con Dios.
- Estar en la tierra y en milésimas de segundo estar en los cielos.
- Tenía a su disposición todas las cortes de ángeles.
- Podía comer y era multimillonario de nacimiento.
- Estaba totalmente sano y su cuerpo no se enfermaba, ni se cansaba.
- Podía conocer y recordar el nombre de todos los animales, las plantas, los peces del mar, los ríos y todo de lo que se

ve del mundo físico.
- Podía transportarse desde la tierra a los cielos o hacia cualquier lugar físico y espiritual más rápido que un cohete.
- Traspasaba paredes, las leyes de la gravedad, las leyes de la longitud, altitud, latitud, profundidad, nada de eso lo limitaba, porque Adán sin pecar en su nivel espiritual era plenamente inteligente.
- Decía y creaba.
- Decía y quitaba.
- Tenía poder sobre la fructificación.
- Tenía dominio sobre todos los animales, los reinos del mundo, oro, plantas, las aguas dulce y los mares; todo se sujetaba hacia lo que Adán decía. Todo estaba bajo su gobierno por el poder de lo impositivo de la inteligencia espiritual.

Las tinieblas mentales

Cuando Adán entró en el pecado perdió la inteligencia espiritual y quedó con el 1% de esta, y con ese 1% camina, usa computadoras, maneja aviones, hace cohetes, carros, ha desarrollado la industria, la electrónica, la medicina, etc.

Los estudiosos del cerebro humano y de la inteligencia dicen que la mayoría de los seres humanos operan con el 1.5% de su cerebro y que los pocos que lo han desarrollado haciendo descubrimientos asombrosos, a lo más que han llegado es a un 10% o 11% máximo, como por ejemplo el que descubrió la luz eléctrica y muchas medicinas complicadas. De cada diez, nueve de ellos son judíos o cristianos que aman a Jesús.

El pecado del primer Adán embruteció al ser humano

y le trajo pobreza, y es por eso que lo que es malo, el mundo con mente de tinieblas lo ve bueno y lo bueno lo ve con ojos de desprecio.

Todas las enfermedades y ataduras espirituales que controlan el alma del ser humano, son producto del pecado, de allí vinieron todos los temores, la inseguridad y complejos, los miedos, las depresiones, el pensamiento de pérdida, el fracaso, dolor interior, la duda, incredulidad, envidia, el rencor, lascivia, lujuria, y el odio; todo eso empobreció al ser humano volviéndolo una chatarra perdedora. Desde el mismo momento de concepción en el vientre de su madre comienzan a recibir los azotes de la pérdida, el fracaso, el rechazo, comienza la negación de los padres, el desprecio y la maldad en la concesión. Los niños que están dentro del vientre de sus madres escuchan toda esta maldad y enseguida se les cierra el entendimiento (aunque eran perfectos en la eternidad), ya que en el vientre lo primero que se le desarrolla al feto es el oído, escucha toda clase de maldad y se embrutece, se cierran al amor, la vida, al éxito y a la prosperidad, los niños crecen en la mentira, la maldad, el robo, la trampa y el pecado y entre más crecen más se embrutecen.

La sangre de la corona rompe la brutalidad

"...Maldita será la tierra por tu causa; con dolor comerás de ella todos los días de tu vida. Espinos y cardos te producirá, y comerás plantas del campo. Con el sudor de tu rostro comerás el pan hasta que vuelvas a la tierra, porque de ella fuiste tomado; pues polvo eres, y al polvo volverás...".
- Génesis 3:17-19

El efecto desobediencia puso en rebelión a la tierra y los animales, producto de esto nacieron plantas venenosas, la violencia entró al planeta, los mares se volvieron agresivos, a los ríos les entró rabia y agresividad, pero lo más terrible de todo es las tinieblas de la mente, que es como caminan la mayoría de los humanos.

La mente es el campo operativo del enemigo para engañar, allí viene el pensamiento negativo, la maldición de la duda, los argumentos de destrucción, ruina y miseria, todo eso es posible con el 99% oscuro.

Está comprobado que, quien tiene tinieblas mentales no prospera, ya que las riquezas, propiedades, salud, gozo, éxito, todo depende del nivel de libertad mental que tiene el ser humano para lograr triunfar. Según los estudios, cualquier persona que tiene la actitud mental de alma y corazón correcto siempre logra el objetivo.

Es por eso que Cristo guiaba a los soldados romanos a que tomaran el cardo y el espino que embruteció al primer Adán y lo puso sobre su cabeza para romper toda obra de maldición.

"Y pusieron sobre su cabeza una corona tejida de espinas, y una caña en su mano derecha; e hincando la rodilla delante de él, le escarnecían, diciendo: ¡Salve, Rey de los judíos! Y escupiéndole, tomaban la caña y le golpeaban en la cabeza".

Ahora bien por el hecho de lo grande que son las puntas del cardo y del espino que crecen en los desiertos del Medio Oriente, al colocarle aquellas ramas con tan grandes puntas le destrozaron la cabeza, las orejas y la frente, derramando mucha sangre santa de liberación.

Lo primero que quiere restaurar la sangre de la corona de espinas, es la inteligencia espiritual, la idea de Dios es que el alma sea esclava del espíritu humano el cual está mezclado con el Espíritu Santo en su interior, y de allí sean uno. Pero cuando la mente, el corazón y los pensamientos están oscuros el ser humano tiene los siguientes problemas:

- No escucha la voz de Dios, es sordo espiritualmente.
- Tiene tinieblas en los ojos, y por eso no ve la luz y adora las tinieblas.
- Su lengua habla maldad y mentira, declara y vive confesando lo malo.
- No tiene discernimiento espiritual, porque no diferencia entre lo bueno y lo malo.
- Deja que se aniden los pensamientos oscuros de tinieblas y desprecia los pensamientos del bien.
- Duda de Dios y le cree a lo malo.
- Vive en temor en lugar de vivir en fe.

El alma del ser humano sin la aplicación de la sangre de la corona de espinas vive con el tapón de las tinieblas y la ignorancia, lo que ya está resuelto lo ve complicado, la persona embrutecida maldice continuamente, vive en perturbación y confusiones muy profundas, es tanto así el tormento del ser humano por falta de la revelación de la sangre de la corona de espinas, que 7 de cada 10 personas que andan por las calles que parecen normales tienen problemas mentales y descontroles.

¿Qué hace la sangre de la corona de espinas?

- Rompe el dominio satánico sobre el alma.
- Desactiva el libre acceso de los demonios por el campo

espiritual de la mente.
- Comienza el proceso de la rehabilitación para bien del cerebro, el cerebelo, el consciente y el inconsciente.
- La sangre de la corona de espinas restaura el oído espiritual.
- La sangre de la corona de espinas restaura la vista espiritual.
- La sangre de la corona de espina restaura el discernimiento profético.
- La sangre de la corona de espinas restaura la alabanza de adoración a Dios, confesión de la palabra de fe y de autoridad espiritual sobre el enemigo, también le devuelve a la lengua el poder creativo del bien.

Todas las aberraciones en las que operan los humanos están vinculadas en la pobreza mental en la que cayó por el pecado.

"Porque lo que de Dios se conoce les es manifiesto, pues Dios se lo manifestó. Porque las cosas invisibles de Él, su eterno poder y deidad, se hacen claramente visibles desde la creación del mundo, siendo entendidas por medio de las cosas hechas, de modo que no tienen excusa. Pues habiendo conocido a Dios, no le glorificaron como a Dios, ni le dieron gracias, sino que se envanecieron en sus razonamientos, y su necio corazón fue entenebrecido.
Profesando ser sabios, se hicieron necios, y cambiaron la gloria del Dios incorruptible en semejanza de imagen de hombre corruptible, de aves, de cuadrúpedos y de reptiles. Por lo cual también Dios los entregó a la inmundicia, en las concupiscencias de sus corazones, de modo que deshonraron entre sí sus propios cuerpos, ya que cambiaron la verdad de Dios por la mentira, honrando y dando culto a las criaturas

antes que al Creador, el cual es bendito por los siglos. Amén. Por esto Dios los entregó a pasiones vergonzosas; pues aun sus mujeres cambiaron el uso natural por el que es contra naturaleza, y de igual modo también los hombres, dejando el uso natural de la mujer, se encendieron en su lascivia unos con otros, cometiendo hechos vergonzosos hombres con hombres, y recibiendo en sí mismos la retribución debida a su extravío. Y como ellos no aprobaron tener en cuenta a Dios, Él los entregó a una mente reprobada, para hacer cosas que no convienen; estando atestados de toda injusticia, fornicación, perversidad, avaricia, maldad; llenos de envidia, homicidios, contiendas, engaños y malignidades; murmuradores, detractores, aborrecedores de Dios, injuriosos, soberbios, altivos, inventores de males, desobedientes a los padres, necios, desleales, sin afecto natural, implacables, sin misericordia; quienes habiendo entendido el juicio de Dios, que los que practican tales cosas son dignos de muerte, no sólo las hacen, sino que también se complacen con los que las practican". - Romanos 1:18-32

El pecado distorsionó la santidad en la que opera la inteligencia espiritual, con la cual se puede reinar y establecer el gobierno de Dios sobre nuestras vidas y sobre nuestro prójimo.

Aplique la sangre de la corona

"Pues aunque andamos en la carne, no militamos según la carne; porque las armas de nuestra milicia no son carnales, sino poderosas en Dios para la destrucción de fortalezas, derribando argumentos y toda altivez que se levanta contra el

conocimiento de Dios, y llevando cautivo todo pensamiento a la obediencia a Cristo, y estando prontos para castigar toda desobediencia, cuando vuestra obediencia sea perfecta".
- 2 Corintios 10:3-6

San Pablo conocía el asunto de las opresiones y estrategias malignas sobre la mente humana por el pecado, porque él había sido muy rebelde, pero eso un día fue quebrantado y Dios le quitó la escama de los ojos.

La parte donde más trabaja las tinieblas en el ser humano es la mente y su alma, si esa alma y mente son esclavos ese ser humano ya perdió. El plan de Dios es la aplicación de la sangre de la corona para romper la ligadura y el dominio satánico sobre la mente humana, que es con la que el maligno esclaviza, amarga y arruina la vida humana.

El reino oscuro y maligno de Satán lo que más asegura para oprimir a los seres humanos es la mente, el cerebro, el cerebelo, el consciente, el inconsciente y los pensamientos, la verdad es que desde allí operan la vida profética que es lo que le da al ser humano inteligencia espiritual.

Es la inteligencia espiritual la que hace que cualquier humano libre pueda vencer la pobreza, el desánimo, la enfermedad, el desprecio y las batallas diarias, para poder vencer lo que se ve y lo que no se ve se necesita inteligencia espiritual.

Aplicando la sangre de la corona

Para restaurar la inteligencia espiritual es necesario aplicar la sangre provocada por la corona de espinas en el siguiente orden:

Los oídos: La problemática de la sordera espiritual es profundamente grave.

"Mas el que fue sembrado en buena tierra, éste es el que oye y entiende la palabra, y da fruto; y produce a ciento, a sesenta, y a treinta por uno". - Mateo 13:23.

Las tinieblas mentales hacen que las personas tengan oídos pero no escuchan, es por eso que millones no pueden dar fruto ni al treinta, ni al sesenta ni al ciento por uno, el tapón de los oídos no les deja tener la luz guía, debemos comenzar con la aplicación de la sangre sobre nuestra audición espiritual. El problema de la sordera espiritual, es que el ser humano cuando no escucha la voz de Dios escucha tambien la voz de la confusión, las tinieblas y la oscuridad, por eso es necesario aplicar la sangre de Cristo sobre el oído.

"Y matarás el carnero, y tomarás de su sangre y la pondrás sobre el lóbulo de la oreja derecha de Aarón, sobre el lóbulo de la oreja de sus hijos, sobre el dedo pulgar de las manos derechas de ellos, y sobre el dedo pulgar de los pies derechos de ellos, y rociarás la sangre sobre el altar alrededor". -Éxodo 29:20

La palabra de Dios dice que el sacerdote aplicaba la sangre en el oído derecho para consagrar generaciones sacerdotales que sirvieran a Dios libres, sin sordera espiritual; por eso Israel levantó generaciones levíticas de servidores a Dios que desde niños aman la palabra de Dios y no se avergüenzan y aunque aquella sangre era de animales dedicados a Dios, era un paralelo profético de lo que haría la sangre de la cabeza de Cristo derramada por la corona de espinas, tenía la misión de sanar el oído del ser humano.

Usted debe aplicar la sangre de la corona de espinas sobre sus oídos para ser verdaderamente libres para siempre, todos nuestros grandes problemas comienzan con el tapón maligno en la audición, en el momento que se nos destapa el oído espiritual evitamos cometer millones de errores.

La sordera se activó en el oído del ser humano por el pecado y solo la sangre de la corona de espinas de Jesús lo puede destapar, es por eso que los sacerdotes ponían sangre en la oreja del oído derecho. Es necesario que usted aplique la sangre de la corona de espinas en cada ministración, en los retiros espirituales, en los jóvenes y en los niños, hay personas que quieren oír pero si no se les aplica la sangre del Cordero en los oídos, estos estarán bloqueados y nunca podrán oír aunque su cuerpo este presente.

"Jesús entonces les dijo: Si vuestro padre fuera Dios, ciertamente me amaríais: Porque yo de Dios he salido, y he venido; que no he venido de mí mismo, mas él me envió. ¿Por qué no reconocéis mi lenguaje? porque no podéis oír mi palabra. Vosotros de vuestro padre el diablo sois, y los deseos de vuestro padre queréis cumplir. Él, homicida ha sido desde el principio, y no permaneció en la verdad, porque no hay verdad en él". -Juan 8:42-44.

Lo más grave que existe en el mundo espiritual; es cuando los humanos tienen los oídos bloqueados, ya que sin audición no aparece la fe.

"Luego la fe es por el oír; y el oír por la palabra de Dios". -Romanos 1:17

Lo que le conviene a Satán no es que los humanos oigan correctamente, sino que tengan un tapón porque cuando los oídos se abren comienza la liberación.

"Entonces una mujer llamada Lidia, vendedora de púrpura, de la ciudad de Tiatira, que adoraba a Dios, estaba oyendo; y el Señor abrió el corazón de ella para que estuviese atenta a lo que Pablo decía. Y cuando fue bautizada, y su familia, nos rogó diciendo: Si habéis juzgado que yo sea fiel al Señor, entrad en mi casa, y posad. Y nos obligó a quedarnos".
- Romanos 16:14-15.

Jesús continuamente confrontó la maldición de la sordera, la cual perturbó a importantes líderes que estaban presentes pero tapados totalmente de los oídos.

"Entonces él les dijo: ¡Oh insensatos, y tardos de corazón para creer todo lo que los profetas han dicho". - Lucas 24:24.

"Dice, pues, el Señor: Porque este pueblo se acerca a mí con su boca, y con sus labios me honra, pero su corazón está lejos de mí, y su temor de mí no es más que un mandamiento de hombres que les ha sido enseñado". - Isaías 29:12.

"El que tiene oídos para oír, oiga". - Mateo 11:15.

Jesús sabía que miles de los presentes tenían tapados sus oídos para oír, por eso hacia ese llamado; hoy día en cada ministración que hago estoy aplicando la sangre de Cristo sobre los oídos de las personas para romper todo tapón para ver un mejor resultado.

"Porque de cierto os digo, que muchos profetas y justos desearon ver lo que veis, y no lo vieron: Y oír lo que oís, y no lo oyeron". - Mateo 13:17.

Cuando no aplicamos la sangre de la corona de espinas sobre los oídos, es posible que con nuestras palabras solo maltratemos a las personas, porque en lo espiritual, por más que se grite nadie te puede entender a menos que tenga oídos redimidos.

Declare:

Ahora por el poder de la sangre de Jesucristo que salió producto de la corona de espinas, declaro que esa sangre entra a mi verdadero ser y jamás caminaré en mentiras por el poder de la sangre de Cristo, declaro que andaré todos los días con oídos perfectos para oír la voz de Dios y obedecerla en el nombre de Jesucristo el que me salva, y renuncio:

- Renuncio a toda sordera espiritual por la sangre de Jesús.
- Renuncio a toda pesadez por la sangre de Jesús.
- Renuncio a toda posición traumática de donde se han aferrado los demonios para que yo no me afirme.
- En el nombre de Jesús renuncio a la sordera espiritual, declaro que mis oídos aman la verdad de Dios y desprecian la vanidad.
- Renuncio por la sangre de Jesús, a toda audición deleitada hacia las palabras de lascivia.
- Renuncio a toda palabra de mentira, por el poder de la sangre de Cristo, rebotan de mis oídos toda palabra lisonjera y engañosa.
- Renuncio a la voz de la altivez, renuncio por la sangre de Cristo a toda palabra suspicaz de parte del maligno, renuncio por la sangre de Cristo a toda palabra hechizada, palabras hipócritas, palabras cargadas de todo engaño y

maldad que solo destruyan mi humildad.
- Renuncio a la palabra de muerte, renuncio al deseo de escuchar lo malo, renuncio a la voz de las malas noticias y acepto por la sangre de la corona de espinas que mis oídos entran en la disciplina de oír sólo lo que agrada a Dios, lo que me ayuda a crecer por la sangre de la corona de espinas de Jesús. Mis oídos quedan abiertos para Dios, desde ahora y para siempre en Cristo Jesús.
- Por la sangre de Cristo desaparece todo tapón, toda dureza, toda pesadez, toda oscuridad de audición. En el nombre de Jesús, declaro con toda libertad y fe que mis oídos quedan abiertos para siempre por el poder de la sangre de Jesucristo, nuestro Dios. Amén.

Aplique la sangre de la corona de espinas sobre el entendimiento

Declare en el nombre de Jesucristo su libertad, usted no camina en tinieblas, ahora que usted comenzó a oír, declare que la sangre de la corona de espinas, le abre el entendimiento para entender la voz de Dios y ahora renuncie a pensamientos de pobreza, miseria y perdida, por el poder de la sangre de Jesucristo, renuncie al pensamiento mental de ruina, escases y dolor, renuncie a toda obra oscura del reino maligno.

Comience a bombardear toda tranca en el cerebro y declare su mente con pensamiento de reino, dominio y poder por el poder creativo de Dios, declare que recibe un cerebro nuevo conectado de forma perfecta al pensamiento sabio e inteligente de Cristo.

Rompa hoy la oscuridad, la depresión, la duda, toda maldición de engaño. Crea toda la palabra de Dios, diga, "en mi mente sea la luz, por el poder de la sangre de la corona de espinas la cual me hace caminar en el poder del Salmo 103".

Salmos 103:1-5 "Bendice, alma mía, a Jehová, y bendiga todo mi ser su santo nombre. Bendice, alma mía, a Jehová, y no olvides ninguno de sus beneficios. Él es quien perdona todas tus iniquidades, Él que sana todas tus dolencias; Él que rescata del hoyo tu vida, Él que te corona de favores y misericordias; Él que sacia de bien tu boca de modo que te rejuvenezcas como el águila".

La inteligencia espiritual activa el rejuvenecimiento y también da la mentalidad del dominio, el poder de la sangre de Jesús le corona y le llena de favores y de misericordias; esto es extraordinario, Dios quiere que usted ande en inteligencia espiritual y nunca en pobreza.

Renuncie en el nombre de Jesús a la corona de ruina por la corona de favores y misericordia. Comience a experimentar en beneficio de Jesús esa corona que es la única que lo rescata del hoyo, esa corona es la única que sacia de bien su boca, y en vez de estrés usted se rejuvenece. Hoy aplique la sangre de la corona de espinas sobre su cabeza y diga con autoridad, en tinieblas no andaré, sea la luz.

Se cree que de cada 100 personas que andan en la calle 80 tienen problemas de la mente, es por eso que necesitamos correr con esta palabra y liberar las mentes, hay que aplicar la sangre de la corona de espinas, es la única que puede liberar nuestros pueblos.

El problema real de las personas no es el dinero, el no tener casa, ni estar sin carros; el problema es la mente oscura, a todo ser humano Dios le dio talentos y habilidades para ser prospero, el problema es que la maldición de la mente de tinieblas es tan grave que Pablo dijo que los seres humanos cambian y lo malo lo ven bueno y lo bueno malo.

La mente libre es la que hace que un médico crea que el enfermo se va a sanar, es la que hace que la madre crea que su hijo va a cambiar, es la que hace que usted sepa que sí lo va a lograr a pesar de la resistencia que tenga. El poder de la mente redimida por la sangre de la corona de espinas, le llena de favores y de misericordia y sacia de bien su boca. La mente redimida derrota la pobreza, la enfermedad y la muerte.

No se puede entender porque personas en un mismo país con las mismas posibilidades prosperen y otros no. No es aceptable que muchas personas en distintas naciones donde tienen los mejores recursos naturales para hacer las riquezas y no prosperen sino que sean esclavos de la miseria. No es concebible que una niña a alguna edad se rebele contra sus padres y se vaya de su casa con alguien alocadamente. No es concebible la mente de los pedófilos, no es concebible la mente de los que tienen relaciones con los animales o con los muertos. No es posible que la riqueza de muchos países otros la disfrute y sus propietarios no, por sus bloqueos mentales. Lo único que nos puede liberar es la aplicación de la sangre santa de Jesús. Es por esto, que la sangre de la corona de espinas es tan importante, porque si la cabeza del ser humano está ajustada a la inteligencia espiritual en Cristo entonces esa persona vencerá.

Declare:

Padre en el nombre de tu santo hijo Jesús, te doy gracias por la gloriosa sangre de la corona de espinas, hoy la aplico sobre mi mente, la llamo y la acepto sobre mi sistema nervioso. Padre bueno, rompe todo pensamiento de miseria, rompe todo dolor y toda angustia. Rompe con la mentalidad de pérdida, rompe toda inestabilidad y la oscuridad, rompe toda depresión y toda confusión.

Hoy caminaré con la luz de la revelación, cancelo todo mal hábito de fracaso, de miedo, de dudas y de temor, me levanto en el poder de la sangre de Cristo desde ahora y para siempre, declaro que caminaré por el amor de Jesucristo en inteligencia espiritual, amén.

Aplicando la sangre de Cristo sobre la vista

"Porque el corazón de este pueblo se ha engrosado, y con los oídos oyen pesadamente, y han cerrado sus ojos; para que no vean con los ojos, y oigan con los oídos, y con el corazón entiendan, y se conviertan, y yo los sane. Pero bienaventurados vuestros ojos, porque ven; y vuestros oídos, porque oyen".
- Mateo 13:15-16.

Jesús confrontó la ceguera espiritual, definitivamente el problema de millones de seres humanos no comienza con lo que tienen sino con lo que no ve; tener los ojos tapados hará que aunque tenga la mejor familia, pareja e hijos no los verán, aunque este rodeado de riqueza, este en la mejor ciudad, en el mejor país con las mejores oportunidades, no verán por la crisis de ceguera. La experiencia del religioso

Pablo lo dice todo:

"Y al momento le cayeron de los ojos como escamas, y recibió al instante la vista; y levantándose, fue bautizado".
-Hechos 9:19.

El hombre que perseguía a la iglesia, pero que Dios sometió a un quebrantamiento, al momento de ser ministrado por Ananías, un creyente en el poder de la sangre de Cristo, se le cayeron de los ojos como escamas, ¿Puede usted entender esa expresión? se le cayó una concha que le tapaba los ojos y luego Pablo fue bautizado enseguida, y predicaba a Cristo diciendo que este era el hijo de Dios.

El poder de la vista espiritual

Todo lo que hace que los humanos entren en locuras es la crisis de visión, cuando la persona reciben vista espiritual lo tienen todo.

Hay dos clases de vistas, la oscura y la de verdad, la verdadera vista es la espiritual y la vista física no es verdadera. Si no tenemos la sangre de Cristo aplicada en los ojos, las visiones son incorrectas; los sueños dormidos y los despiertos son incorrectos, por doquier se escucha la voz de la maldad; noticias negativas y la persona ve lo peor y no ve lo que le dice Dios.

La crisis mundial que ha destruido a millones en realidad no es dinero, ni lo que dice el médico; la verdadera razón es la vista. Lo que nos urge a todos nosotros es la recuperación de la visión eterna, la cual nos dice la verdad y solo la verdad. La escama de los ojos solo la puede tumbar la ministración de la sangre de la corona de espinas de Jesús aplicada sobre los ojos.

Lo que nosotros estamos haciendo con este libro es una ministración de alto nivel, todo aquel que llega a tener vista espiritual asegura su conquista.

"Y Jehová dijo a Abram, después que Lot se apartó de él: Alza ahora tus ojos, y mira desde el lugar donde estás hacia el norte y el sur, y al oriente y al occidente. Porque toda la tierra que ves, la daré a ti y a tu descendencia para siempre".
- Génesis 13:14-15.

La vista es un elemento espiritual y profético para todo ser humano, el que llega a tener los ojos libres por la sangre de la corona de espinas tendrá libre todo.

- La vista sana te adelanta a los tiempos.
- La vista sana levanta a los muertos.
- La vista sana te activa el poder creativo.
- La vista sana seca toda maldición.
- La vista sana preserva tus generaciones.
- La vista sana vence el dolor y la enfermedad.
- La vista sana derrota la pobreza.
- La vista sana gana en los peores momentos.

El poder de la redención de los ojos

Dios hace algo extraordinario en nosotros que nos ayuda a triunfar y es el poder profético para dibujar destinos, generaciones y altas proyecciones. Es a través de los ojos redimidos que se activa el poder creativo, para establecer todo lo que Dios trae a tu espíritu; Jesús en su santa redención, a través de la corona de espinas bajó sangre sobre sus ojos y cuando los ojos son liberados como le ocurrió a Pablo, lo que iba a ocurrir en años nos ocurre en segundos.

Cuando nosotros aplicamos la sangre de la corona de espinas, Dios abre nuestros ojos espirituales y comenzamos a ver en verdad el propósito de Dios sobre nuestras vidas para siempre.

Es a través de los ojos que se activa el poder creativo, porque existe una ley profética que dice que lo que ves, lo posees. Jesús dijo:

"La lámpara del cuerpo es el ojo; así que, si tu ojo es bueno, todo tu cuerpo estará lleno de luz, pero si tu ojo es maligno, todo tu cuerpo estará en tinieblas. Así que, si la luz que en ti hay es tinieblas, ¿cuántas no serán las mismas tinieblas?". - Mateo 6:22-23.

La santa expresión de Jesús la cual nos indica que la lámpara del cuerpo es el ojo, es impresionante, esto implica perfectamente que la vida interior y exterior del ser humano depende para todo de como están los ojos. Todo el que cree en la vida tendrá vida, el que ve el bien tendrá el bien, quien ve salud tendrá salud, el que ve santidad tendrá santidad, el que se ve en victoria tendrá victoria, quien se ve muerto se morirá, el que se ve perdiendo, perderá. Los ojos tienen poder total sobre el cuerpo humano, una de las metas inmediatas de Satanás sobre el ser humano es taparle los ojos. Cuando la persona tiene ojos malos vivirá viendo lo malo, la primera gran maldad contra la vida humana comienza con ojos malos, porque si el cuerpo es malo, todo el cuerpo estará en tinieblas, la luz en los ojos es totalmente decisiva para que podamos tener nuestro ejercicio profético.

Alza ahora tus ojos, y mira:

*"Entonces Lot escogió para sí toda la llanura del Jordán; y se fue Lot hacia el oriente, y se apartaron el uno del otro.
Abram acampó en la tierra de Canaán, en tanto que Lot habitó en las ciudades de la llanura, y fue poniendo sus tiendas hasta Sodoma. Mas los hombres de Sodoma eran malos y pecadores contra Jehová en gran manera.
Y Jehová dijo a Abram, después que Lot se apartó de él: Alza ahora tus ojos, y mira desde el lugar donde estás hacia el norte y el sur, y al oriente y al occidente. Porque toda la tierra que ves, la daré a ti y a tu descendencia para siempre".
- Génesis 13:11-15*

Ningún ser humano saldrá adelante en la vida sin visión eterna, lo único que ven millones de personas es lo malo, producto de las distintas atrocidades que han vivido en la vida, atormentados por la amargura y la obstinación, no pueden ver, no se pueden mirar bien, no se puede dibujar bien sin ojos plenamente redimidos.

El problema de la crisis de vista es que impide el desarrollo y el crecimiento en todo, por eso es que hay que aplicar la sangre de la corona de espinas continuamente en nuestros ojos, ya que esta es la única manera de activar el poder creativo que viene de nuestro espíritu y esto se llama mirar, es decir dibujar planos de la eternidad. Vivir sin practicar los planos eternos que el espíritu proyecta para nuestra vista, es caminar sin conquista, dominio y posesión. En el mundo profético ver es poseer.

La ruina, la pobreza, la pérdida, el dolor, la muerte, la miseria, el fracaso y el éxito se dibuja con los ojos, es por eso que Jesús dijo, "Humanos con ojos buenos y humanos con ojos malos".

Uno de los trabajos más horrorosos que hizo el maligno en la tierra fue tapar los ojos eternos para que los humanos caminasen en la mentira y su pasión, entregandosen al mundo de las tinieblas. La única manera de volver a ver, es aplicando la sangre de la corona de espinas, la cual restaurará nuestra vista eterna.

Nos urge conocer la revelación de la sangre de Cristo aplicada, que es la única que nos puede librar de las tinieblas en los ojos, esto hace que millones de personas vivan sin propósito y pierdan la fe. La restauración de los ojos eternos aplicando la sangre de la corona de espinas, es lo único que nos hará ver, dominar y conquistar. En el caso de Abraham, él tenía los ojos tan abiertos que vio al mesías y se gozó, vio la nueva Jerusalén cuyo arquitecto y constructor es Dios.

Pero nosotros no somos de los que retroceden para perdición, sino de los que tienen fe para preservación del alma.

"Es, pues, la fe, (la vista eterna) la certeza de lo que se espera, la convicción de lo que no se ve. Porque por la fe, (la vista eterna) alcanzaron buen testimonio los antiguos. Por la fe, (la vista eterna) entendemos haber sido constituido el universo por la palabra de Dios, de modo que lo que se ve fue hecho de lo que no se veía. Por la fe, (la vista eterna) Abel ofreció a Dios más excelente sacrificio que Caín, por lo cual alcanzó testimonio

de que era justo, dando Dios testimonio de sus ofrendas; y muerto, aún habla por ella. Por la fe, (la vista eterna) Enoc fue traspuesto para no ver muerte, y no fue hallado, porque lo traspuso Dios; y antes que fuese traspuesto, tuvo testimonio de haber agradado a Dios. Pero sin la fe, (la vista eterna) es imposible agradar a Dios; porque es necesario que el que se acerca a Dios crea que le hay, y que es galardonador de los que le buscan.

Por la fe, (la vista eterna) Noé, cuando fue advertido por Dios acerca de cosas que aún no se veían, con temor preparó el arca en que su casa se salvase; y por esa (la fe, la vista eterna) condenó al mundo, y fue hecho heredero de la justicia que viene por la fe. Por la fe, (la vista eterna) Abraham, siendo llamado, obedeció para salir al lugar que había de recibir como herencia; y salió sin saber a dónde iba. Por la fe, (la vista eterna) habitó como extranjero en la tierra prometida como en tierra ajena, morando en tiendas con Isaac y Jacob, coherederos de la misma promesa; porque esperaba la ciudad que tiene fundamentos, cuyo arquitecto y constructor es Dios. Por la fe, (la vista eterna) también la misma Sara, siendo estéril, recibió fuerza para concebir; y dio a luz aun fuera del tiempo de la edad, porque creyó que era fiel quien lo había prometido. Por lo cual también, de uno, y ése ya casi muerto, salieron como las estrellas del cielo en multitud, y como la arena innumerable que está a la orilla del mar". - Hebreos 11:1-12.

Proveyendo Dios alguna cosa mejor para nosotros, para que no fuesen ellos perfeccionados aparte de nosotros.

¿Qué es lo mejor que Dios proveyó para nosotros?, la sangre de Cristo, y en particular la sangre de la corona de espinas, la cual cayó y aplicada con fe y confianza libera los ojos de tinieblas, dolor y muerte.

Quiero que observe las palabras aquí escritas "Proveyendo Dios alguna cosa mejor para nosotros", esto significa que tenemos una vista eterna mayor para operar a la que tenía Abraham, Isaac, José, Noé, etc. Jesús dijo que cuando Abraham lo vio con los ojos eternos y se gozó.

Todo las victorias para usted, su familia, ministerio y carrera en general van a venir según el modelo de Jesús, porque ya todo está dado y concebido desde la eternidad; el problema es la vista, ya todo existe eternamente a su favor, pero el poder de los ojos eternos lo va a decodificar, cuando usted aplica la sangre de la corona de espinas deja de ver el mundo con pesimismo y comienza a ver, a dibujar y realizar planos que finalmente ejecuta.

La sangre de la corona sobre la lengua

Es totalmente decisivo aplicar la sangre de la corona de espinas sobre la lengua, porque es a través de la confesión correcta que se crea y se manifiesta lo que se esta visualizando y dibujando. La mayoría de los humanos ignoran el poder creativo de la confesión y es por esta oscuridad mental que en lugar de crear con sus palabras el bien, terminan creando lo malo diariamente por causa de su mala confesión.

La sangre de la corona de espinas restaura el modelo original eterno para crear, este es el modelo del padre, el cual todo lo hizo confesando.

La eternidad trabaja con la confesión creativa

"Y dijo Dios: Sea la luz; y fue la luz". -Génesis 1:3

"Luego dijo Dios: Haya expansión en medio de las aguas, y separe las aguas de las aguas. E hizo Dios la expansión, y separó las aguas que estaban debajo de la expansión. Y fue así". - Génesis 1:6-8.

Y dijo Dios: "¡Que haya vegetación sobre la tierra; que ésta produzca hierbas que den semilla, y árboles que den su fruto con semilla, todos según su especie!".
Y así sucedió. Génesis 1:11

"Dijo luego Dios: Haya lumbreras en la expansión de los cielos para separar el día de la noche; y sirvan de señales para las estaciones, para días y años, y sean por lumbreras en la expansión de los cielos para alumbrar sobre la tierra. Y fue así. E hizo Dios las dos grandes lumbreras; la lumbrera mayor para que señorease en el día, y la lumbrera menor para que señorease en la noche; hizo también las estrellas.
Y las puso Dios en la expansión de los cielos para alumbrar sobre la tierra, y para señorear en el día y en la noche, y para separar la luz de las tinieblas. Y vio Dios que era bueno".
-Génesis 1:14-18

"Dijo Dios: Produzcan las aguas seres vivientes, y aves que vuelen sobre la tierra, en la abierta expansión de los cielos. Y Dios los bendijo, diciendo: Fructificad y multiplicaos, y llenad las aguas en los mares, y multiplíquense las aves en la tierra".
- Génesis 1:20-22

"Luego dijo Dios: Produzca la tierra seres vivientes según su

género, bestias y serpientes y animales de la tierra según su especie. Y fue así". -Génesis 1:24

"Entonces dijo Dios: Hagamos al hombre a nuestra imagen, conforme a nuestra semejanza; y señoree en los peces del mar, en las aves de los cielos, en las bestias, en toda la tierra, y en todo animal que se arrastra sobre la tierra.
Y creó Dios al hombre a su imagen, a imagen de Dios lo creó; varón y hembra los creó.
Y los bendijo Dios, y les dijo: Fructificad y multiplicaos; llenad la tierra, y sojuzgadla, y señoread en los peces del mar, en las aves de los cielos, y en todas las bestias que se mueven sobre la tierra". -Génesis 1:26-28

El pecado destruyó el bien de la confesión profética y de fe a los seres humanos y es por eso que todo lo que es confesión, incluyendo las canciones del mundo secular que cantan al dolor, a la rabia, frustración y depravación terminan cumpliendo lo confesado porque las personas repiten una y otra vez sus letras.

Aplique la sangre de la corona de espinas sobre su olfato espiritual

El ser humano conectado al pecado perdió el olfato espiritual y por eso es engañado continuamente, así como lo nuevo tiene su buen olor, lo malo también tiene su hedor inmundo y según lo que se practique en el lugar donde usted se encuentre, a donde llegue o vaya, todo tiene un aroma.

Para mí no es de mucho agrado ir a los hospitales, porque cuando iba tenía mucha confrontación, con el hedor de los espíritus de muertes y de enfermedad que allí se presentan peleando por los cuerpos de millares de humanos.

Los ambientes de prostitución, corrupción y altas depravaciones sexuales también tienen conexiones de alto grado con demonios y sueltan su mal olor inmundo.

Cuando no se ha aplicado la sangre de la corona de espinas falla el discernimiento. Este olfato es el que tenía Cristo que le hacía conocer el hedor de cada pensamiento de los hipócritas tomados por espíritus asesinos y de mentira que se acercaban a Él.

Por no tener olfato espiritual millones son engañados, tanto los jóvenes, hombres, mujeres y ancianos. Todas las malas decisiones que toman los humanos son por falta de discernimiento, el olfato espiritual puede percibir aun a la distancia, donde esté la operación allí alcanza y la puede percibir.

Activar la sangre de la corona de espinas le restaurará el discernimiento y esto hará que venza y nunca le engañe la alabanza humana.

La sangre de la corona de espinas

El apóstol pablo dijo que el ser humano natural no percibe las cosas que son del Espíritu porque para él son locuras. La verdad es que nuestra lucha verdadera es lograr en cada ser humano la liberación total.

Les contaré el siguiente testimonio de una persona que le tengo profundo aprecio; en mis evaluaciones profética le notaba unos bloqueos en su entendimiento espiritual y al principio me incomodaba porque esa persona no entendía lo que con tanta claridad le explicaba.

Cuando comencé con la revelación de la sangre de la corona de espina, comencé a hablarle a su ser pensante cerebro, cerebelo, consiente e inconsciente que fuera libre por la sangre de Jesucristo. En todas las ocasiones anteriores esta persona solo me hablaba de falsas ofertas hechiceras que maldecirían sus vidas. Después de un tiempo de intercesión profética de pronto la persona me hablo con plena firmeza y me dijo: "Siento en mi espíritu que yo nací para ser un reformador", y me dijo todo lo contrario a lo que en semanas atrás me hablaba; su mente ahora le daba lugar a las intuiciones del espíritu en él y comenzó a pensar correctamente. La revelación de la sangre de la corona de espina me ayudó milagrosamente a lo que con mis presiones no había logrado y estoy viviendo un impresionante milagro.

El apóstol Pablo tambien dijo, "Mi mensaje no fue a vosotros con palabras persuasivas de humana sabiduría sino con demostración de Espíritu Santo y poder".

Entender el poder de la sangre de Cristo y lo que puede hacer sobre nosotros es una de las bendiciones más grandes y gloriosas que podemos vivir. El mundo camina mal porque el pecado dañó la inteligencia espiritual en los humanos y la oscuridad lo arropó. Todo ser humano Dios le envió con ideas creativas en su interior para ser prospero, pero al nacer y crecer viviendo en pensamientos de pobreza y ruina le devastó el destino de abundancia que Jesús dijo que tendrían sus hijos.

En USA de pronto llegaron las noticias que sosbre el año de 2009, vendría una debacle económico. Le explicaré lo que hice cuando escuche esa mala noticia; aplique la sangre de Cristo y el poder de la inteligencia espiritual y dije que toda esa época sería la mejor para mí y que al contrario ganaría 10 veces más de lo que tenía antes, y así fue hecho. Durante todo ese tiempo de angustia, para mucho Dios me dio la finanzas para ayudar a otros.

Cada vez quiero depender más de la sangre de Cristo derramada por su corona de espinas, porque todos los errores que se cometen están vinculados con tapones espirituales en la mente; de esto el apóstol Pablo habló "espíritu de estupor o tapón". Cuando a usted se le destapan los conductos de conexión profética usted podrá entender, ver, hablar, oír, discernir y conocer lo perfecto más allá de las personas del montón y no podrá nunca ser engañado. Jesús nunca cayo en ninguna trampa porque operaba con inteligencia espiritual.

Les digo como se explica que los países que tienen los mejores recursos de la tierra y del mar, los que tienen los mejores climas para la cosecha sean los más pobres del mundo. Todo esta vinculado al tapón que el pecado puso en la mente de sus habitantes y particularmente sus fundadores.

La pérdida, el engaño, el fracaso, el dolor, la confusión, la mentira, la pobreza no pueden tener poder sobre usted, porque todo eso lo controla el padre de toda mentira Satán. Todas la veces que usted cae en una trampa es porque no operó en inteligencia espiritua; Dios a usted le habló porque allí esta el Espíritu Santo recordándole todos los días sus palabras y planes, el problemas son los tapones malignos.

Aplique la sangre de la corona de espinas y usted se sorprenderá. De pronto comencé a percibir una afección en mi cabeza y comencé a aplicar la sangre de Cristo y milagrosamente todo desapareció. Una de las áreas más afectadas en todo ser humano es la cabeza porque si la cabeza esta mal todo el cuerpo estará mal. Le recomiendo aplicar la sangre de la corona de espinas y experimentará los milagros más sorprendente que usted nunca pensó.

Todo el que piensa que es pobre así vivirá, todo el qué piensa que triunfará lo logrará, todo el que piensa que se sanará lo experimentará, todo el que piensa que crecerá lo verá con sus ojos físicos. Quien tiene la mente sana tendrá todo su cuerpo sano. Jesús dijo: La lámpara del cuerpo esta en la cabeza y fluye por los ojos. Si la lámpara esta mala todo el cuerpo esta en tinieblas pero si la lámpara esta bien el cuerpo entero tendrá luz, salud, vida, esperanza, fuerza y fe.

Se cree que de cada 100 personas que mueren 95 se llevan a la tumba sus dones y talentos todo por no operar en inteligencia espiritual. Son miles los errores que todos hemos cometido por no operar en inteligencia espiritual. Le recomiendo con todo mi corazón tome seriedad profunda con esta lección, aplíquese la sangre de la corona de espinas y revoque de su mente, entendimiento, cerebro, cerebelo, consiente e inconsciente, todo lo que le conecta a las tinieblas y diga con poder y autoridad: "sea la Luz", en el momento que la cabeza alumbra hay luz para todo el cuerpo y usted mejorara todos los días.

Al operar con inteligencia espiritual, jamás será derrotado porque la inteligencia espiritual le lleva a estaciones de apertura total. Cuando para otros no hay para usted si. Y esto funciona en todo, dinero, tierras, casas, carros y bienes; para la salud esta comprobado que quien tiene la mente sana vive más que los enfermos de la mente.

Hay millones de milagros que hace la corona de espina, esto es tan grande que no caben en ningún libro, mejor comience a aplicar la sangre de la corona de espinas y su vida nunca más será igual.

Declare:

Hoy aplico de todo corazón la sangre de la corona de espinas sobre mi lengua y desprogramo mi lengua del lenguaje de frustración, todo lenguaje de muerte, fracaso, obstinación y amargura, aplico la sangre de Jesús que brotó por la corona de espinas sobre mis raíces lingüísticas cargadas de dichos negativos y de obstinación, refranes, dichos, proverbios callejeros llenos de oscuridad y dolor.

Por el poder de la sangre de Getsemaní declaro que retiro toda conexión con el lenguaje de temor, de condenación y todo lenguaje de acusación, por la sangre de la corona hoy confieso liberación.

- Por la sangre de la corona de espinas renuncio a todo lenguaje de pobreza y ruina.
- Por la sangre de la corona de espinas renuncio a todo lenguaje de dolor y sufrimiento.
- Por la sangre de la corona de espinas renuncio a todo lenguaje de desesperación y angustia.
- Por la sangre de la corona de espinas renuncio a todo lenguaje de rabia y resentimiento.
- Por la sangre de la corona de espinas renuncio a todo lenguaje de temor y que llame a la enfermedad.
- Por la sangre de la corona de espinas renuncio a todo lenguaje que me conecte con la muerte.
- Por la sangre de la corona de espinas renuncio a todo lenguaje que me conecte con espíritus de todo tipo de opresiones.
- Por la sangre de la corona de espinas renuncio a todo lenguaje de palabras lisonjeras llenas de hipocresía.
- Por la sangre de la corona de espinas renuncio a todo lenguaje de pleitos, chismes, murmuración, falta de fe y

lenguaje anticristo.
- Por la sangre de la corona de espinas renuncio a todo lenguaje de rebelión, trampa y abusos.
- Por la sangre de la corona de espinas renuncio a todo lenguaje de recuerdos tormentosos del pasado.
- Por la sangre de la corona de espinas renuncio a todo lenguaje de lujuria, lascivia y toda concupiscencia enemiga de la palabra de Dios.

Hoy por el poder de la sangre de la corona de espinas de Jesús soy libre de toda palabra que he dicho que me conectó con demonios, toda palabra que les dio lugar a los demonios para hacerme sufrir, toda palabra de temor que llamó la enfermedad y la perdida. Renuncio por la sangre de Jesucristo las palabras que soltaron en mi contra y toda palabra que se ha dicho en cualquier lugar, soy libre de toda palabra de condenación por la sangre de la corona de espinas de lugares donde es mencionado mi nombre con envidia y traición, anulo palabras y decretos por el poder de la sangre de la corona de espinas de Jesús, que soy libre de cada palabra.

Hoy mi lengua es esclava del Espíritu Santo, hoy mi lengua vive para vida eterna, mi lengua es redimida por el poder de la sangre de la corona de espinas, de mi lengua sale perdón, amor, fe, misericordia, mi lengua trabaja esclava del Dios de nuestra salvación.

Mi lengua fluye en adoración y no se queja, mi lengua fluye hablando fe y nunca duda. Mi lengua fluye en alabanzas y canticos espontáneos que sale de todo mí ser para nuestro Dios, con mi lengua confieso cambio de los ambientes. Por el poder de la sangre de la corona de espinas mi lengua fluye en Dios y cumple el propósito de Dios para siempre en Cristo Jesús, amén.

Así como el cabello crece, lo que usted dice nunca se despide de usted. Lo que es espiritual, usted no lo ve con sus propios ojos, pero todo lo que usted dice sea bueno o malo siempre estará conectado a usted a menos que determine cortarlo radicalmente y nunca más comer de ese fruto de la maldad; le recomiendo que se desconecte por la sangre de Jesús desde ahora y para siempre, corte con toda firmeza y fe de todo lo que es muerte y maldición, cámbielo por la vida y vivirá por siempre en Cristo Jesús.

Le hablo a mi lengua:

- Nunca más hablarás maldiciones.
- Nunca más negarás la fe.
- Nunca más cantarás lo que ofende a Dios.
- Nunca más cantarás al despecho y el dolor.
- Nunca más participarás en reuniones de murmuración.
- Nunca más participarás en lenguajes de doble sentido.

Por el poder de la sangre de la corona de espinas de mi Jesús, todos los días hablaré en fe, amor, abundancia y pureza. Donde no hay hablaré para que sea creado lo que hace falta. Mi lengua es redimida del mal desde ahora y para siempre por la sangre bendita de la corona de espinas de Jesús.

Ahora se destapa todo conducto espiritual que fue tapado por el pecado del primer Adán, le hablo a mi mente y a todo mi ser sea la luz, ahora disípense las tinieblas, ciérrese todo conducto de operatividad maligna para robar el poder de los sueños y las visiones. Le doy orden a mi cuerpo que se alinee de manera perfecta a la misión enviada desde la eternidad, digo de todo corazón como dijo Jesús, padre glorifícame con la gloria que tuve antes de estar en este cuerpo físico temporal, Dios Todopoderoso recupera mi estado original pensante en el nombre de Jesús por su santísima sangre de la corona de espinas, amén.

J

LA SANGRE DE LA BARBA
DE JESÚS

Capítulo cinco

LA SANGRE DE LA BARBA DE JESUS

El Señor omnipotente me ha abierto los oídos, y no he sido rebelde, ni me he vuelto atrás. Ofrecí mi espalda a los que me golpeaban, mis mejillas a los que me arrancaban la barba; ante las burlas y los escupitajos no escondí mi rostro. - Isaías 50:5,6.

"Porque no envió Dios a su hijo al mundo para condenar al mundo, sino para que el mundo sea salvo por Él". - Juan 3:17.

Cuando estudiamos las crisis de los seres humanos y del porque se hunde una persona cada día más y más en el pecado, es porque todo está vinculado a la maldición de la condenación. Esta es una potestad que le controla la mente, el corazón, los sentidos y hasta el cuerpo de la persona. La única manera como una persona sale adelante es encontrando a otra llena de amor y de misericordia, y con el amor de Dios le aplique la sangre de la barba de Jesús a esa vida, para quebrar esa potestad (la vergüenza) maligna.

Los millones de personas que se entregan al desorden sexual, comienzan con algo pequeño, la prueba está en de cada 100% de homosexuales el 99.9% fueron abusados siendo pequeños. Los niños y niñas fueron abusados por familiares y personas mayores cercanas a la familia, esto activo dolor, rabia y vergüenza.

En una de las áreas donde más es usada la vergüenza es en todo lo vinculado al vicio, sexo y errores.

Hay que aplicar la sangre de la barba de Jesucristo porque es la medicina más poderosa para romper con esas potestades; estas hacen esas áreas de error un tormento a la persona. Producto de la vergüenza los seres humanos terminan hundiéndose más y más.

La potestad diabólica de la vergüenza crea grandes complejos, esta hace que millones se entreguen al abuso todo porque hay un dolor interior consciente o inconsciente que los atormenta.

¿Ha escuchado usted decir que todos los hombres son iguales? o que ¿Todos las mujeres son iguales?, esa persona está hablando desde la plataforma del dolor, porque cualquier persona con dos dedos de frente sabe que no es así.

Hay personas que tienen complejos con su cuerpo y no se aceptan como son, y eso los entrega a la depresión o a la exhibición de áreas para llamar la atención, pero en realidad lo que tiene una persona con vergüenza es una batalla interior y quiere tapar su dolor mostrando otras cosas. Esto se ve día a día en el mercado sexual de puestos públicos y en todas partes en la calle.

El trabajo de Satanás comienza con abusos a la niñez, traumas en hombres y mujeres de forma profunda en los tiempo de su pubertad o antes, allí llega el reino maligno para donde no se ha aplicado la sangre de la barba de Jesús, los demonios vienen con 7 espíritus peores y hunde más a las personas.

"Cuando el espíritu inmundo sale del ser humano, anda por lugares secos, buscando reposo, y no lo halla. Entonces dice: Volveré a mi casa de donde salí; y cuando llega, la halla

desocupada, barrida y adornada. Entonces va, y toma consigo otros siete espíritus peores que él, y entrados, moran allí; y el postrer estado de aquel ser humano viene a ser peor que el primero. Así también acontecerá a esta mala generación".

Rompa con la vergüenza y la condenación

"Cada uno se fue a su casa; y Jesús se fue al monte de los Olivos. - Juan 8:1-32.
Y por la mañana volvió al templo, y todo el pueblo vino a Él; y sentado Él, les enseñaba. Entonces los escribas y los fariseos le trajeron una mujer sorprendida en adulterio; y poniéndola en medio, le dijeron: Maestro, esta mujer ha sido sorprendida en el acto mismo de adulterio. Y en la ley nos mandó Moisés apedrear a tales mujeres. Tú, pues, ¿qué dices? Más esto decían tentándole, para poder acusarle. Pero Jesús, inclinándose hacia el suelo, escribía en tierra con el dedo. Y como insistieron en preguntarle, se enderezó y les dijo: El que de vosotros esté sin pecado sea el primero en arrojar la piedra contra ella. E inclinándose de nuevo hacia el suelo, siguió escribiendo en tierra. Pero ellos, al oír esto, acusados por su conciencia, salían uno a uno, comenzando desde los más viejos hasta los postreros; y quedó solo Jesús, y la mujer que estaba en medio. Enderezándose Jesús, y no viendo a nadie sino a la mujer, le dijo: Mujer, ¿dónde están los que te acusaban? ¿Ninguno te condenó? Ella dijo: Ninguno, Señor. Entonces Jesús le dijo: Ni yo te condeno; vete, y no peques más".

En esta escritura muestra como el mundo camina dañando a millones con el espíritu de condenación, operando en la vergüenza y la crisis psíquica que acompleja a todo ser que ha cometido uno, varios o muchos errores.

La crisis más profunda que vive todo ser humano que ha cometido errores o ha sido víctima de sus propios errores es la batalla de la vergüenza y la falta de perdón personal, cuando hablamos del perdón personal es una de las batallas más torturadoras a vencer, la lucha de la vergüenza, las acusaciones y los ataques de opresión.

7 Crisis tenía esta mujer

- Pecado contra Dios.
- Pecado contra la familia y la costumbre hebrea.
- Pecado contra si misma (esto la atormentaba).
- Había traicionado a su marido (adulterio).
- Lascivia y lujuria (era la fuerza que la movía hacia el pecado).
- Pecado contra la esposa del hombre con quien pecó (traición).
- El liderazgo la acusaba (la tradición no tenía revelación de restauración).

La actitud de Jesús era porque él ya operaba en las dimensiones santas de la redención y con inteligencia espiritual. Es precisamente el espíritu de condenación que hace que los seres humanos se hundan en el pecado, bendita sea esa preciosa sangre que lava nuestro rostro y hace que no vivamos con vergüenza.

Jamás permita que la vergüenza y la condenación le atormenten, todo aquel que confiesa sus faltas alcanza la misericordia de nuestro Dios en la medida que nosotros aceptamos el amor de Dios somos aceptados.

Declaración de fe

Ahora en el nombre de Jesús y por el poder de su bendita palabra, me presento en humildad delante de su gracia salvadora y reconozco con todo mi corazón que la sangre de Jesucristo lava mi rostro y me limpia dándome a mí la gracia de levantar mi rostro hacia mis hijos, familiares, amigos y conocidos. Aún levanto mi rostro ante las personas que ofendí por el poder de la sangre de Jesús y no permitiré que me atormente el maligno.

El pasado no me atormentará porque soy libre de la vergüenza por la sangre de Cristo. Los errores viejos no me robarán la paz, porque soy libre de la vergüenza por la sangre de Cristo. Ninguna acusación me desenfocará porque soy libre de la vergüenza por la sangre de Cristo. Mi mente reposará en su amor, porque soy libre de la vergüenza por la sangre de Cristo.

Los lugares donde caí en pecado no me atormentarán, porque soy libre de la vergüenza por la sangre de Cristo. No lloraré jamás por mi vieja vida, porque soy libre de la vergüenza por la sangre de Cristo. Caminaré todos los días con la paz de mi Jesús, porque soy libre de la vergüenza por la sangre de Cristo. Disfrutaré de la bendición de Dios porque soy libre de la vergüenza por la sangre de Cristo.

Predicaré con libertad el evangelio del Reino de Dios, porque soy libre de la vergüenza por la sangre de Cristo. Dios levanta mi rostro y me pone en alto, porque soy libre de la vergüenza por la sangre de Cristo.

La gracia de Dios me hace andar en autoridad espiritual, porque soy libre de la vergüenza por la sangre de Cristo. No aceptaré el azote de la acusación, porque soy libre de la vergüenza por la sangre de Cristo.

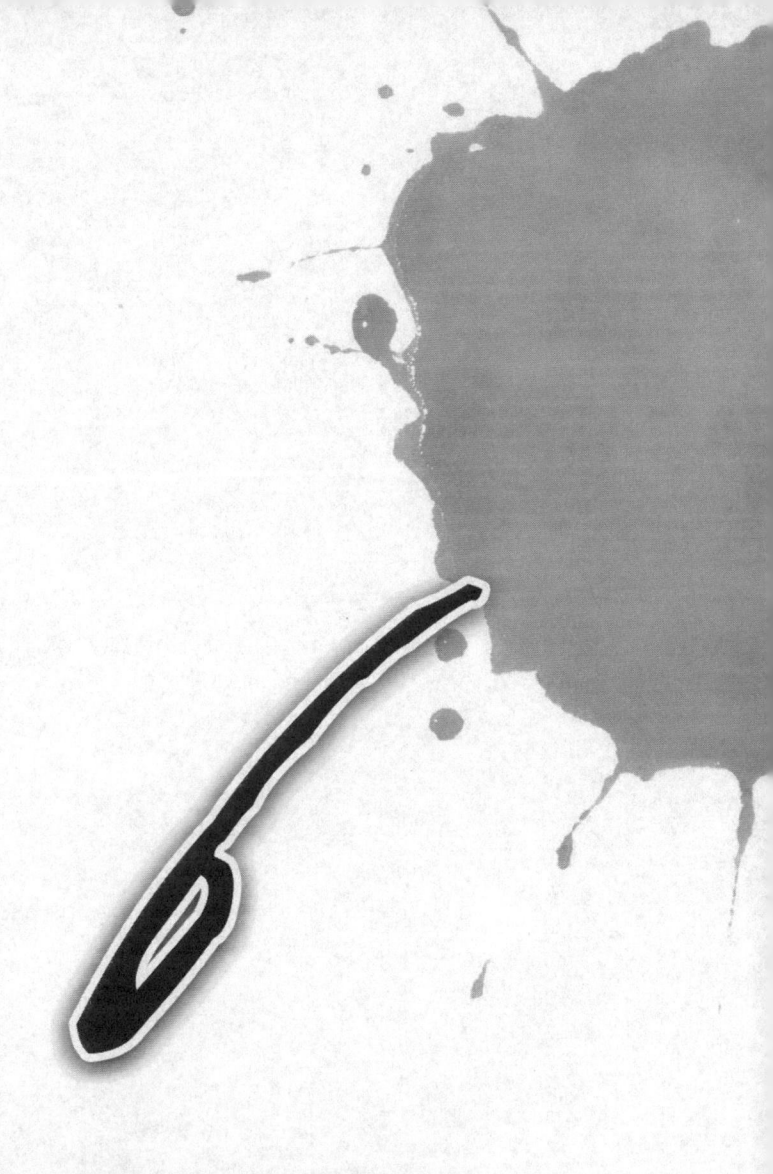

APLIQUE LA SANGRE DE LA
MANO DERECHA
DE JESÚS

Capítulo seis

Aplique la sangre de la mano derecha

―――――

Largura de días está en su mano derecha;
En su izquierda, riquezas y honra. Proverbios 3:16

Según los altos niveles de sabiduría divina mostradas por Dios a Salomón, las verdades de la justicia eterna, el poder, la autoridad y gobierno de Dios, todo está vinculado a la palabra diestra o mano derecha. Son muchas las revelaciones bíblicas que están vinculadas a la mano derecha de Dios y por el paralélo profético usted debe entender la espiritualidad de la mano derecha del ser humano al ser redimida por la sagre de Jesús.
• Es por la diestra donde Dios opera la justicia *(Isaías 41:10)*,
• El poder *(Salmo 44)*
• la autoridad *(Salmo 20:6)*
• El gobierno *(Salmo 110:10)*

Salomón dijo de largura de días en su mano derecha y esto habla de poder eterno, no olvidemos que todos somos a imagen y semejanza de Dios, cuando usted lee en la biblia lo que hace la diestra de Dios, siempre esta vinculado a un mover divino superior a todo en poder, gobierno y dominio.

Ahora el ser humano perdió por el pecado esa autoridad; se le secó la mano derecha, el poder y la fuerza, se le secó la gloria espiritual eterna que operaba en el hombre por su mano derecha antes del pecado. El primer Adán solo con un movimiento de sus manos los animales, las plantas y los peses le obedecían; para explicárselo observe que Jesús solo con un movimiento de su mano le hablaba a lo visible e invisible y todo le obedecía:

Y les dijo: echad la red a la derecha... y hallareis, entonces la echaron y no la podían sacar por la gran cantidad de peces.
- Juan 21:5

Hay poder de Dios para operar en autoridad espiritual con una mano derecha restaurada en su hombre espiritual, una instrucción precisa de Jesús mencionando la diestra arreglo el problema de toda una noche de frustraciones.

Así como hay ojos que no ven y oídos que no escuchan lo eterno, de igual forma es necesario restaurar toda habilidad espiritual que el ser humano tenía en su mano derecha antes del pecado. Crea esto, es espiritual, fiel y verdadero que el ser humano perdió por el pecado la autoridad para operar con su diestra. Los anillos en la mano derecha, daban poder para firmar decretos, sellos de documentos y hasta la guerra se le gana al enemigo hasta hacerlo rendir con los diestros en la batalla. La fuerza eterna y estructuras direccionales se ejecutan con la diestra, pero esto se le secó al ser humano por el pecado; la vida larga que habló Salomón en la mano derecha, es el poder eterno que Jesús vino a restaurar y en esto es que me quiero enfocar. Bendito Jesús por su sangre en su mano derecha.

Con la mano derecha se ejerce poder porque es la que tiene más autoridad, así lo diseñó Dios. Créalo, esto es muy profundo; si usted logra entender esta revelación, su vida nunca más será igual. Jamás he escrito un libro por negocio, cuando recibo una revelación lo hago y gracias a Dios estos recursos están llegando a millones. Aplique la sangre que salió de la mano derecha de Jesús y su vida cambiará radicalmente.

Si nosotros aceptamos que hay ojos que no ven, oídos que no oyen y lenguas que no hablan, ¿Por que no reconocemos la espiritualidad de esta verdad de Dios?

Créalo, la espiritualidad y las áreas proféticas particularmente de dominio y ministerio fueron afectadas por el pecado, la conexión con las tinieblas le secó la autoridad y el poder para operar con la fuerza y la justicia eterna; restauremos la espiritualidad de la mano derecha por la sangre de Jesús.

Usted es un cuerpo espiritual que habita en un cuerpo físico que fue afectado por el pecado. Si usted ejerce revelación sobre su lengua, Dios restaura su lengua, si usted ejerce revelación sobre sus ojos, Dios potencializa su vista espiritual, si usted aplica la sangre en sus oídos como lo hacía el sacerdote en los tiempo antiguos, Dios le ayudará a oír la sabiduría divina y no vivirá con lo básico. Nunca olvide que las verdades de lo que se ve no están en lo físico, sino en lo espiritual que no se ve con ojos carnales, todo es espiritual en esencia, principio y fin.

La sangre de Cristo sana todo, es por eso que el eterno esta trayéndonos esta medicina para que se aplique de forma más específica, de manera que millones sean plenamente liberados, necesitamos ser verdaderamente libres. *Juan 8:32*. El sacrificio de Jesús es completo y cada área de derramamiento de su sangre da liberación total si se aplica con fe. Después que usted es liberado por su sangre,

Dios hace que al imponer sus manos sobre los enfermos sean sanados, si se trata de imponer las manos sin plenitud de liberación los enfermos no se sanarán.

Me he encontrado con cientos de textos, que me dicen porque es tan importante que así como los oídos se abren a la verdad y los ojos ven la luz de la gracia, también es necesario que la mano derecha de cada ser humano sea restaurada por la sangre de Cristo.

Por la mano derecha opera poder específico entre muchos están:

- Poder profético rompedor de ataduras
- Poder profético para ministrar a otros
- Poder profético para imponer Justicia y juicio
- Poder profético para escribir justicia y juicio
- Poder profético para decretar Juicio
- Poder profético para ministrar liberación
- Poder profético para ministrar sanación
- Poder profético para derribar
- Poder profético para levantar
- Poder profético de gobierno
- Poder profético de autiridada
- Poder profético de administración financiera

No olvide que el ser humano fue hecho a imagen y semejanza de Dios, todo lo que usted vea que Dios hace con la mano derecha o su diestra es porque lo hizo para que usted lo ejecute también, todo lo que el pecado secó se debe llevar a la cruz y aplicar la restauración; en el caso de la mano derecha esta le alineará a la justicia, la autoridad, el poder y la fuerza divina. En la mano derecha están representados los cinco ministerios a través de los cuales Dios edifica su iglesia.

La mano de Dios

- Con el dedo pulgar lo apostólico.
- Con el dedo índice lo profético nos trae dirección.
- Con el dedo medio opera evangelismo, es el más largo porque es en lo que hay que invertir más.
- Con el dedo anular nos conectamos corazón, lo pastoral nos guía a ganar almas y consolidarlas, este es el corazón de la visión de Dios.
- Con el dedo meñique el ministerio del maestro por su tamaño es el que forma y discípula.

La sangre vertida por Jesús en la mano derecha, tiene la misión de restaurar todo lo que se cayo producto del pecado, son muchas las grandes verdades bíblicas que están vinculadas a la mano derecha, la diestra, la derecha en esta gran verdad hay revelación profética profunda, hoy mas que nunca necesitamos volver a la restauración total por la sangre de Jesús.

La mano derecha esta vinculada a:

- **La mano derecha vinculada a la Justicia divina**
"Conforme a tu nombre, oh Dios, así es tu loor hasta los fines de la tierra; de justicia está llena tu diestra". - Salmo 48:10

- **La mano derecha vinculada a gobierno**
Jesús le dijo: "Tú lo has dicho; y además os digo, que desde ahora veréis al Hijo del Hombre sentado a la diestra del poder

de Dios, y viniendo en las nubes del cielo". - Mateo 26:54

- **La mano derecha esta vinculada a la ministración sustento**

"No temas, porque yo estoy contigo; no desmayes, porque yo soy tu Dios que te esfuerzo; siempre te ayudaré, siempre te sustentaré con la diestra de mi justicia". - Isaías 41:10

La gran lección que nos dejó nuestro Señor Jesucristo con la restauración de un hombre en la sinagoga que tenía la mano seca, eso va mas allá del milagro físico, eso habla de una gran verdad profunda y profética.

Asistir a una congregación necesariamente no significa estar plenamente liberado de forma total, este hombre era religioso pero tenía la mano derecha seca.

Aconteció también en otro día de reposo, que él entró en la sinagoga y enseñaba; y estaba allí un hombre que tenía seca la mano derecha. - Marcos 6:6.

¿Por que de forma especifica, Jesús va a sanar a alguien con la mano derecha seca?

Porque la mano derecha habla de

- Autoridad
- Gobierno
- Dirección, habla de carácter
- Firmeza
- Ministerio
- Autoridad espiritual y muchas otras grandes verdades eternas que escapan del entendimiento humano.

El peligro de la mano derecha seca

La persona que tiene la mano derecha seca, tienen el correcto sentir profético, pero nunca terminan de concretar su genuina misión en la tierra, están inhabilitados, solo siendo restaurados pueden operar en el poder, la autoridad y la fuerza divina y así cumplir su llamado en la tierra.

Este ser humano era fiel asistente en la sinagoga pero seco de su mano derecha, Jesús no estuvo de acuerdo con eso, Jesús no quiere que sus hijos solo asistan a las congregaciones sino que sean entrenados para cumplir su misión eterna. Es necesario restaurar el gobierno de Dios en la tierra a través de seres humanos libres y esto solo se logra aplicando la sangre de Cristo.

También la ministración de Jesús y esta sanidad nos habla de que hay un gran llamado divino al despertar lo de la vida eterna en la iglesia. Dios necesita que despierten los 5 ministerio en toda congregación y los países del mundo.

- **La mano derecha habla de dirección y sostén**

"Y si tu mano derecha te es ocasión de caer, córtala, y échala de ti; pues mejor es que se pierda uno de tus miembros, y no que todo tu cuerpo sea echado al infierno". - Mateo 5:30

- **Todo el mundo sabía que por las manos de Jesús fluía poder libertador**

"Mientras él les decía estas cosas, vino un hombre principal y se postró ante él, diciendo: "Mi hija acaba de morir; mas ven y pon tu mano sobre ella, y vivirá". - Mateo 9:18

- **Tomo la niña por la mano (esto es más que resurrección física esto es restauración de ministerios de niños y de jóvenes)**

"Pero cuando la gente había sido echada fuera, entró, y tomó de la mano a la niña, y ella se levantó". - Mateo 9:25

En este versículo Jesús levanta a la niña precisamente tomándola por la mano, es decir le ministró la vida; en el otro versículo restaura a un hombre que tenía la mano seca, a la muerte de lo ministerial nos estamos enfrentando hoy y es necesario restaurar a los ministerio de la iglesia, a la niñez y juventud, estos milagros no son simplemente físicos, son profundamente espirituales

Créame, como vidente de Dios, por años el demonio secó los ministerio de la iglesia y también la religión mató a los niños y a los jóvenes. Pero la sangre de Cristo tiene el poder.

"Entonces dijo a aquel hombre: Extiende tu mano. Y él la extendió, y le fue restaurada sana como la otra".
- Mateo 12:13.

La parte que el pecado secó

En una ocasión estaba en cierto país promoviendo nuestra academia mundial de jóvenes que son entrenados para el ministerio (www.ag318.com), y me encontré con líderes que se avergonzaban de que sus hijos fuesen pastores o ministros. Escuchaba con regularidad "mis hijos antes de comprometerse en la iglesia tienen que sacar su profesión", es decir su título. Verdaderamente lo que esta escondido detrás de esto es que millones de congregaciones tienen la mano derecha seca y servir a Dios honestamente hablando tiene menos valor. Escuché a otro padre decirle a su hijo que si él entrara a ser discípulo, primero debían estar sus tareas de la escuela.

¿Que mente redimida puede abarcar que ser ingeniero es más importante que ser pastor, o maestro, apóstol, evangelista o profeta?

No puedo menospreciar su carrera si Dios lo ungió para que desde allí usted ejerza e impacte con su testimonio, pero nada puede ser más importante que la vida eterna.

Hasta ahora no he visto a nadie que desprecie el ministerio y que sus hijos tengan el título que sea y vivan la felicidad plena. Salomón dice "la vida, el gozo pleno esta por la mano derecha". ¿Qué quiere decir? Esto nos muestra que si nosotros recibimos lo de la mano izquierda que son la riqueza y la honra, (títulos y reconocimientos humanos) y menospreciamos lo de la derecha que esta vinculado a la vida y nuestra asignación desde la eternidad, entonces con todo y los talentos, con todo y las cosas buenas que Dios nos de, viviríamos infelices. Toda la riqueza y la honra que usted reciba por la izquierda deben ser administradas por la misión de la derecha.

Todo ser humano Dios lo envió desde los cielos a cumplir una misión en esta tierra, pero el trabajo maligno es aquél que trae distracción a todos los seres humanos y solo trabajen con la izquierda y que la mano derecha este seca.

Un título profesional nunca le dará la felicidad y la paz que da la vida eterna, esta vida fluye cuando andamos en obediencia con nuestro llamado ministerial.

El demonio a mi me resistió pero Cristo lo venció, fui despreciado en la escuela porque era joven ministro y los profesores me decían que no era recomendable que le sirviera a Dios porque tenía demasiado talento en las ciencias sociales y comunicaciones. Pero Dios me dio carácter para decidir por el ministerio. Pasaron los años y después de haber madurado en el ministerio, Dios me hizo prosperar en lo de mi mano izquierda. Dios me permitió fluir como estratega en radio, televisión y escribir diversas literaturas que hoy alcanzan millones de personas transformándolas por el poder de Dios.

Que nada seque la mano derecha

"Antes que te formase en el vientre te conocí, y antes que nacieses te santifiqué, te di por profeta a las naciones".
- Jeremías 1:5.

"Ahora conozco que Jehová salva a su ungido; lo oirá desde sus santos cielos con la potencia salvadora de su diestra".
- Salmo 20:6

El trabajo de millones de demonio es que usted no entienda que antes de estar en el vientre de su mamá, ya usted existía con Dios en la eternidad y tenía una misión específica que cumplir en la tierra, en el caso de Jeremías su llamado era profeta de naciones. Ahora el trabajo del enemigo es desviar a los seres humanos de su bendito llamado eterno, de modo que millones viven enredados en el sistema de este mundo, llenos de la amargura y obstinación y nada les hace feliz.

¿Cuál es el trabajo del sistema hechicero?, desviarle a usted de su verdadero llamado y que estudie o haga los negocios que le alejarán de su verdadero llamado, para que viva afanado, distraído y nunca sea feliz. Es por eso que millones y millones aun con dinero, casas, carros y bienes materiales no tiene paz porque la escritura dice:

"La bendición de Jehová es la que enriquece, Y no añade tristeza con ella". Proverbios 10:22, Lo que pasa es que el dinero no es felicidad. ¿Qué le da el gozo verdadero? Que todo lo que haga este profundamente ligado a su llamado eterno.

Miles y miles de personas están alejados del ministerio de Dios, asisten, están en una congregación pero tienen la mano seca.

La mano derecha habla de cosas nuevas

"La planta que plantó tu diestra, y el renuevo que para ti afirmaste. Quemada a fuego está, asolada; perezcan por la represión de tu rostro". - Salmo 80: 14.

Hace poco fui a una congregación de miles de personas, me di cuenta que el 98 por ciento de las personas que allí asisten son personas mayores de 50 años, les estaba predicando acerca de la restauración de la mano derecha y de pronto, el Espíritu Santo me dirigió en mi espíritu que les preguntara ¿Cuantos de ustedes en este año se han ganado una persona para Jesús?, de varios miles que habían allí, menos de 10 personas levantaron sus manos como señal de que estaban vinculados en ganar almas. De inmediato les dije: "Ustedes tienen la mano derecha seca, asisten a la iglesia solo buscando beneficios, perdieron la pasión y el deseo de ganar almas, no tienen pasión por el prójimo"; así hay millones de millones.

La mano derecha habla de ejecución juicio

¿Por qué retraes tu mano? ¿Por qué escondes tu diestra en tu seno? - Salmo 74:11.

"Jehová dijo a mi Señor: Siéntate a mi diestra, Hasta que ponga a tus enemigos por estrado de tus pies. - Salmo 110:1.

Las estadísticas dicen que de cada 100 personas que asisten a la iglesia, hoy 94.5 no tiene pasión por las almas, no tienen deseo de hablarle a ninguna persona de Dios, su mano derecha esta seca.

Hay millones de personas que no son felices porque están donde Dios nunca quiso que estuvieran, por eso su vida esta seca, pero gloria a Dios por la sangre de la mano derecha de Jesús que le restaurará, abrirá sus ojos y mientras viva puede comenzar otra vez.

La sangre del clavo de la mano derecha de Jesús tiene todo el poder de transformarle para siempre y volverle a sus orígenes, de manera que el resto de los años de su vida todos estén dispuestos a su llamado eterno, y cuando parta de este estado físico y pasajero, rindan cuenta con eficacia por su gran misión a la cual le enviaron y entonces le digan: "Ven buen siervo en lo poco me fuiste fiel en lo mucho te pondré".

La mano derecha habla de unción

"Asimismo pondré su mano sobre el mar, y sobre los ríos su diestra". - Salmo 89:25.

"Y todos los que las oían las guardaban en su corazón, diciendo: ¿Quién, pues, será este niño? Y la mano del Señor estaba con él". - Lucas 1:66.

*"Sea tu mano sobre el varón de tu diestra,
Sobre el hijo de hombre que para ti afirmaste". - Salmo 80:17.*

¿Por qué se les secó la mano? Porque se involucraron en asuntos que los alejaron de su llamado. Asisten a las congregaciones pero no tienen ninguna compasión por el prójimo.

Jesús a los doce años comenzó a activar su mano derecha. El entendió que la carpintería de la casa de José era muy linda, pero no era lo principal. Él sabía que lo más importante entre el cielo y la tierra era lo que la diestra del padre le había encomendado a hacer. Allí esta la diferencia entre un Jesús decidido a servir a Dios con determinación. Jesús no le pidió permiso a José y a María para hacer lo que le correspondía por la mano derecha, la carpintería era linda pero era de la izquierda, no era lo más importante, Jesús dijo claro:

*"Entonces él les dijo: ¿Por qué me buscabais? ¿No sabíais que en los negocios de mi Padre me es necesario estar?".
- Lucas 2:49.*

Yo le recomiendo a todo padre que cuando sus hijos cumplan 12 años, líguelo de inmediato a lo que usted sabe que es el ministerio al que Dios le llamó, porque si lo dejan que se involucren en otras cosas, son millares los demonios que pueden cauterizar la mente para que sufran, retrasen su ministerio y experimenten la rebelión dolorosa.

La mano derecha habla la de sustento

"Me diste asimismo el escudo de tu salvación; tu diestra me sustentó, y tu benignidad me ha engrandecido". - Salmo 18:35.

*"Está mi alma apegada a ti; Tu diestra me ha sostenido".
- Salmo 63:8.*

Hace dos años fui a visitar una linda pareja pastoral en un pueblo de USA, les ministré el amor, les di con todo hablándole de la compasión por las personas, algo me llamó profundamente la atención, los hijos de los pastores no participaban en nada allí.

Le pedí al pastor que quería hablar con su hijo mayor, lo conocí y fuimos a un restaurante, de pronto el joven de 21 años solo me hablaba de filosofías huecas que cuestionaban la existencia de Dios. Cuando lo mire a los ojos, estaban poseídos por las tinieblas y su actitud era de desprecio por sus padres.

¿Dónde se le metieron esos demonios a este joven que antes era músico en la iglesia? En el falso oficio que ocupó, la carrera equivocada que comenzó a estudiar llena de materialismo dialectico, le convirtió en un lisiado espiritual, el problema no es que estudies lo peligroso, es que no cumplas el llamado divino; todo lo material debe ser esclavo de lo espiritual, nunca lo temporal debe ser primero. Dinero, riqueza, bienes todo debe ser para que se cumpla el propósito divino y así tiene gozo por todas partes.

La mano derecha habla de ejecución divina

Alcanzará tu mano a todos tus enemigos; tu diestra alcanzará a los que te aborrecen. - Salmo 21:8.

Así hay millones que el sistema les robó la mente y para ellos lo peor es servir a Dios. ¿Qué les recomiendo? Ligue a sus hijos a carreras vinculada a los dones y talentos que Dios les dio, porque si ellos se vinculan en asuntos que Dios no les llamo, se endurecen en su corazón y entran en rebeldía. Es por eso que Jesús dijo:

Por qué me buscabais? ¿No sabíais que en los negocios de mi Padre me es necesario estar?. -Lucas 2:49
Jesús defendió su llamado al cumplir 12 años el trabajo de carpintero, era bonito pero no era lo más importante; Jesús necesitaba conectarse con su verdadero llamado, por eso le dijo a María y a José: *¿No sabíais que en los negocios de mi Padre me es necesario estar?.*

Si no le damos luz y guía a los niños entre 1 y 12 años al entrar al mundo que taponea y oscurece la mente van a ser desviados y vivirán la rebelión contra Dios, muchos asisten a la iglesia pero escépticos y fríos porque tienen su mano derecha seca.

La mano derecha habla de autoridad espiritual

Porque no se apoderaron de la tierra por su espada, ni su brazo los libró; sino tu diestra, y tu brazo, y la luz de tu rostro, porque te complaciste en ellos. - Salmo 144:3.

Es necesario aplicar la sangre del clavo de la mano derecha para que regrese a sus hijos y discípulo al plan original de Dios; si las personas no son restaurados de la mano derecha tendrán los siguientes problemas:

- Se van a secar porque su fuerza la dedicarán a lo que Dios no les llamó.
- Se van a secar porque tomarán débiles decisiones.
- Se van a secar porque se casarán con las personas incorrectas.
- Se van a secar porque harán los negocios incorrectos que le robarán el tiempo.
- Se van a secar porque el demonio lo sacará de las ciudades que deben servir a Dios.
- Se van a secar porque van a despreciar el ministerio.
- Se van a secar porque sus amistades no serán los mejores ejemplos.
- Se van a secar porque sus maestros no serán conforme a la palabra sino humanistas.
- Se van a secar porque amarán más el dinero que servir a Dios.
- Se van a secar porque van a caminar con la razón y no por fe.
- Se van a secar porque confiarán en lo que tienen y no en Dios.

La mano derecha habla gobierno de Dios

A través de la sangre por el clavo de la mano derecha:

Me mostrarás la senda de la vida; en tu presencia hay

plenitud de gozo; delicias a tu diestra para siempre. - Salmo 17:1.

Oración profética

Amado Dios en este momento te pido perdón por la revelación de la sangre del clavo de la mano derecha de Jesús, reconozco que he vivido profundamente distraído, entre a hacer cosas que tu no me llamaste y siento que el amor, la compasión por el prójimo se ha ido de mí.

Amado Dios, por el poder de la sangre por el clavo de la mano derecha que ahora mismo aplico sobre mí, renuncio a toda mala conexión, Dios Todopoderoso líbrame de la muerte por la sangre de Jesucristo, ahora por tu palabra clamo con todo mi corazón:

- Por la sangre del clavo de la mano derecha de Jesús, se restaura en mí el carácter.
- Por la sangre del clavo de la mano derecha de Jesús, recibo la firmeza para operar en justicia eterna.
- Por la sangre del clavo de la mano derecha de Jesús, viviré en el espíritu compasivo y amor por las personas.
- Por la sangre del clavo de la mano derecha de Jesús, la diligencia y el servir con excelencia la practicaré todos los días.
- Por la sangre del clavo de la mano derecha de Jesús, mi convicción no será mudada porque tengo la firmeza para decir si y para decir no.
- Por la sangre del clavo de la mano derecha de Jesús, amo mi misterio el cual Dios me dio desde antes de la fundación del mundo.

- Por la sangre del clavo de la mano derecha de Jesús, recibo el don de la perseverancia de modo que lo que empiezo lo termino, nada me distrae.
- Por la sangre del clavo de la mano derecha de Jesús, fluye por mí el poder para hacer milagros portentosos y extraordinarios.
- Por la sangre del clavo de la mano derecha de Jesús, fluye en mí el poder que expulsa todo tipo de potestad maligna.
- Por la sangre del clavo de la mano derecha de Jesús, fluyo en documentos, escrituras, artes y dones creativos para alcanzar a millones.
- Por la sangre del clavo de la mano derecha de Jesús, mi mano derecha atrae millones en todo tipo de moneda, plata y oro para que lo administre la izquierda.

Le bendigo en el nombre de nuestro señor Jesucristo.

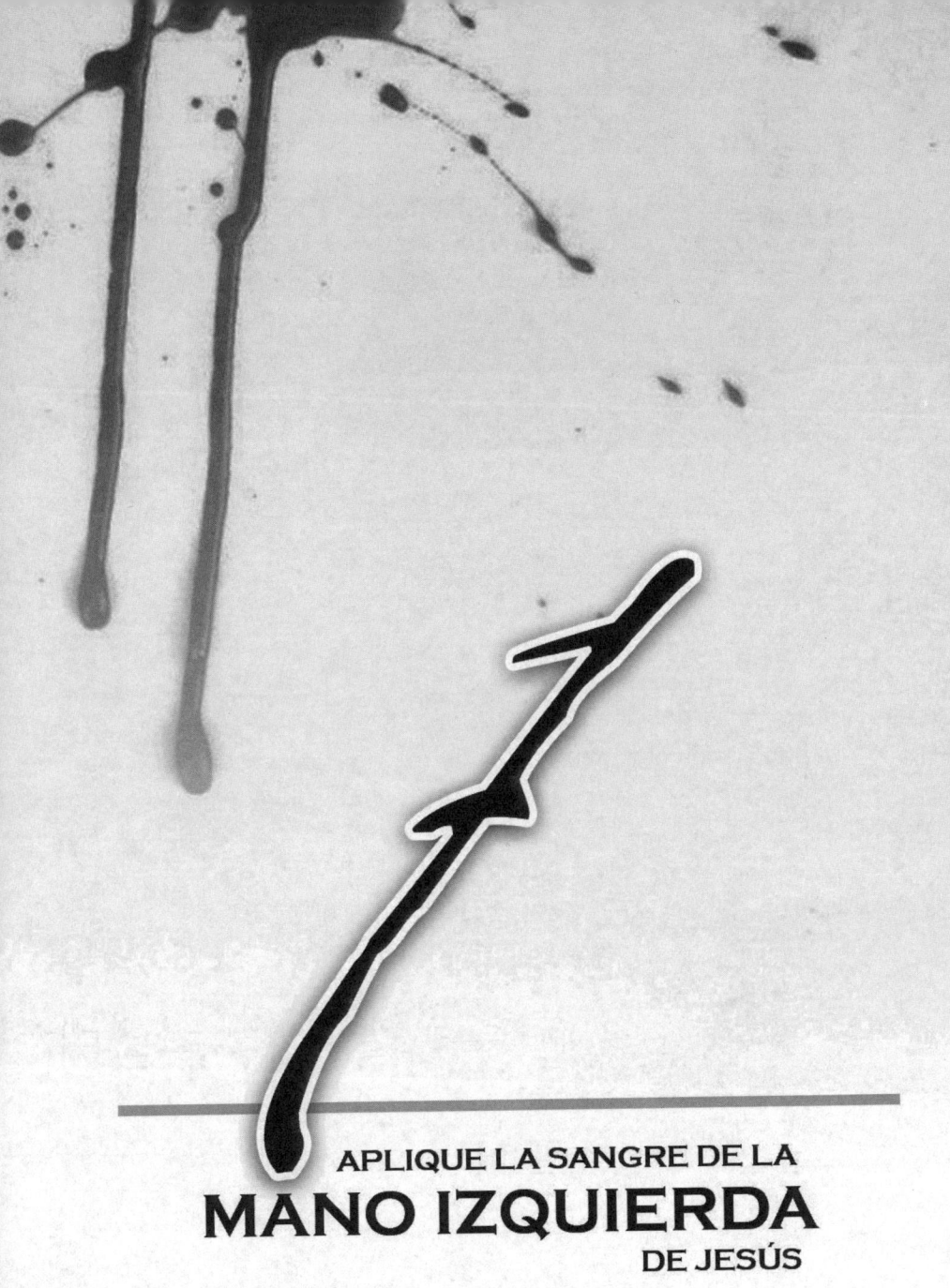

APLIQUE LA SANGRE DE LA
MANO IZQUIERDA
DE JESÚS

Capítulo siete

Aplique la sangre de la mano izquierda de Jesús

Largura de días está en su mano derecha; en su izquierda, riquezas y honra. - Proverbios 3:16

Riquezas, honra y vida son la remuneración de la humildad y del temor de Jehová. - Proverbios 22:4

Corona de honra es la vejez que se halla en el camino de justicia. - Proverbios. 16:31

La activación de la pobreza está vinculada a la maldición en la mano izquierda que se hizo presente de inmediato en el ser humano por el pecado de la primera pareja. La mano izquierda según la sabiduría de Salomón administra (atrae o aleja) la riqueza material; cuando la mano izquierda está en maldición no fluye el poder económico, las personas se esfuerzan pero no prosperan.

No todos quieren prosperar sanamente, una cosa es la prosperidad del robo y la trampa, otra es la prosperidad que viene de la eternidad. Las líneas de iniquidad producto de la maldición de la tierra (lea el libro LBS) hacen que las personas aunque se esfuercen experimenten la ruina.

En la medida que mis ojos se abrieron para meditar profundamente en la revelación de la sangre por el clavo de la mano izquierda de Jesús en la cruz, Dios me comenzó a alumbrar respecto a la justicia eterna por el poder de la sangre de Cristo y todo ser humano necesita la ministración profética de la sangre de Cristo, ésta recupera el acceso a la riqueza y a la honra, usted se sorprenderá de lo que Dios hará con usted al ser ministrado.

El caso de las manos es totalmente diferente al de los pies, en los pies incrustaron un solo clavo (por la revelación profética de posesión y el dominio de Génesis 1:28), pero las manos desde el punto de vista de revelaciones eternas ejercen funciones proféticas diferentes las cuales juntas crean el balance correcto descrito por Dios para cada ser humano.

La mano izquierda está ligada a la riqueza y la honra

Hay tres grandes maldiciones que se activaron en la raza humana por el pacto con el pecado estas son:
- La pobreza
- La deshonra
- La ruina

La misma maldición de la ruina y la pobreza activó la trampa, el robo y la deshonra, porque es precisamente la ruina que hace que en los seres humanos su enfoque no sea servir con respeto al prójimo sino que sus acciones son duales, es decir en alta hipocresía personalista, donde no hay amor genuino ni se respeta la verdad de Dios, sino que abunda el engaño, las trampas, el abusos y deseos personalistas.

La falta de la revelación de la sangre de la mano izquierda de Jesús es algo definitivamente impresionante, que ha perjudicado a millones sin importar su fe, su raza, color y continentes. La maldición de la ruina y pobreza se deja ver con mayor fuerza en países profundamente idólatras alejados de la palabra de Dios, estos cargados de hechicería y engaño manipulan al pobre haciéndolo cada día más dependiente de las manipulaciones programadas para siempre estar arriba.

Por otro lado en países que amaron la palabra de Dios, sus fundadores tomaron la biblia como guía de sus naciones y sus habitantes disfrutan del beneficio de la redención de Jesús. Si usted investiga las raíces de los países más prósperos del mundo y donde sus habitantes tienen plena libertad, su base está ligada a la fe del Dios de Abraham, Isaac e Israel.

La mayoría de los pueblos ligados a la pobreza tienen mejores recursos para la prosperidad que otros que están peor, pero la pobreza, la miseria y la ruina se apodera de ellos aunque en recursos estén llenos de la bendición de Dios, pero en disfrute la miseria se vive por todas partes. Es por eso que hoy más que nunca necesitamos conocer con lo que rompe esta maldad que se activó con el pecado del primer Adán. Cada ser humano necesita ser libre porque cuando usted es verdaderamente libre nadie le podrá manipular y usted fluye en la bendición y la abundancia de Dios. Le quiero asegurar algo, Dios a todo ser humano le dio dones y talentos para tener la mejor vida como lo dice Salomón vivir con riqueza y honra.

Los países que tienen a los pueblos más pobres tienen:

- Las mejores tierras para cultivo y la cosecha.
- Los mejores ríos.
- Los mejores recursos minerales.
- Los mejores estaciones para cosechar.
- Los climas le permiten cosechar todo el tiempo.

- El subsuelo está lleno de todo tipos de tesoros

    Es por eso que es necesario ser diferentes y entender que la bendición de Dios está disponible para usted para la prosperidad, usted nunca debe aceptar la miseria como normal, la pobreza nunca fue el plan original de Dios para su vida ni tampoco lo será, no lo acepte.

    Con el paso del tiempo me he dado cuenta el daño que la pobreza y la miseria le hace a todo ser humano. Es la pobreza y la miseria que corrompieron descaradamente los distintos países del mundo.

Chequeo profético:

- Si su nacimiento y crecimiento estuvo rodeado de pobreza, miseria y dolor, usted necesita aplicarse la sangre de la mano izquierda de Jesús.
- Si la forma de pensamiento de los habitantes de su país, continente o nación, pueblo o barrio son dominados por la mentira, la trampa y la ruina, usted necesita aplicarse la sangre de la mano izquierda de Jesús.
- Si su apellido, familiares o las personas que lo criaron y que siempre estuvieron con usted siempre anduvieron escasos económicamente o perdiendo, endeudados o haciendo trampas y robo de inmediato usted necesita aplicar la sangre de la de la mano izquierda de Jesús.
- Si usted diezma, ofrenda, da de lo que tiene y no termina de experimentar la bendición de Dios en su vida económica, usted necesita ir a la raíz y romper con toda maldición que existe y por algún lado fue activada y solo la sangre de la

mano izquierda de Jesús recupera la riqueza y la honra.
- Si usted emprende planes, negocios, lo roban, lo engañan, siempre lo deja por la mitad, trabaja demasiado y el dinero no le alcanza, usted necesita aplicar la sangre santa de la mano izquierda de Jesús y solo así es libre por siempre.
- Si a usted se le desaparece el dinero de forma extraña cada vez que cobra, usted necesita aplicar la sangre de la mano izquierda de Jesús.

Lo peor que podemos hacer es engañarnos, es necesario confrontar las maldiciones, hacer esto es similar al medico que descubre la raíz de las primeras células cancerígenas en algún órgano, el medico experto las corta de raíz para que el cuerpo viva, sino lo hace se contamina todo.

Observe esto:

Más Jehová estaba con José, y fue varón próspero; y estaba en la casa de su amo el egipcio. Y vio su amo que Jehová estaba con él, y que todo lo que él hacía, Jehová lo hacía prosperar en su mano. - Génesis 39:2-3

Había algo especial y totalmente diferente que tenía José que todo lo que tocaba prosperaba, este es un ejemplo muy poderoso desde su nacimiento él tenía un manto eterno, José era una rama fructífera de la eternidad que fluía por sus manos.

Es seguro que si existen manos de maldición y manos de bendición, es por eso que debemos aplicar la sangre de Cristo por todas las maldiciones de ruina, miseria y pobreza.

Hay personas que sus manos están tan hechizadas que todo lo que tocan, se arruina o se daña, es más, excelentes negocios han sido desbastados por la maldición de manos con deshora y ruina.

La sangre de la mano izquierda de Jesús trabaja con la sangre de la corona, que aplicada rompen el pensamiento de miseria y las fuerzas del mal tienen que huir.

Comience a ministrarse usted mismo la sangre de la corona de espina y la del clavo de la mano derecha, usted verá la gloria de la liberación y todo será transformado milagrosamente por el poder de la buena mano de Dios que estuvo con José.

Todo lo que José hizo en Egipto fue por el poder de la bendición que fluía a través de su mano. José todo lo que tocaba prosperaba. Es necesario atacar la maldición de la ruina, en el mundo espiritual y profético sus manos pueden operar con bendición o con maldición. Hay millones de personas que todo lo que toca se daña, eso es porque a través de sus manos operan hechizos. Solo la liberación a y través de la sangre de Cristo que brotó de su mano izquierda podemos ser totalmente liberados.

La mano derecha sostiene la firmeza de la eternidad y revelación del gobierno divino, pero la izquierda según Salomón opera para la riqueza y la honra. Yo comencé a notar que no todas las personas tenían el mismo poder sobre el dinero, por ejemplo un Judío no necesita tener dinero para comenzar a crear riqueza, ¿Dónde está el misterio de esa gran prosperidad? El pacto de sangre hecho por Dios en los tiempos antiguos con los fundadores de la nación hebrea. Por más envidia, por más que se trate de hablar mal de los hebreos siempre tendrán dominio económico sobre todas las economías del mundo a través del poder del pacto de sangre de sus padres estos son Abraham, Isaac e Israel. Y particularmente Abraham - *Génesis 15:18 ..."Aquel día Dios hizo un pacto con Abraham"...*

No digas en tu corazón: Mi poder y la fuerza de mi mano me han traído esta riqueza sino acuérdate de Jehová tú Dios, porque él te da el poder para hacer las riquezas, a fin de confirmar su pacto que juró a tus padres, como en este día. - Deuteronomio 8:17,18.

Las condiciones para producir la riqueza siempre están vinculadas a:

- ¿Qué hicieronsus generaciones antiguas en cuanto a adoración?
- ¿A qué deidad le llevaron ofrendas?
- ¿Tenían mentalidad de éxito?
- ¿Te formaron conforme a los fundamentos bíblicos para la prosperidad?
- ¿Manejaban alta gerencia administrativa?
- ¿Qué pensaban tus padres del dinero?
- ¿Qué creían de la prosperidad tus abuelos, bisabuelos y tatarabuelos?
- ¿El día de tu nacimiento quien te ministro, me explico ante qué tipo de ministro fuiste presentado?
- Hay ceremonias donde se llevan a los niños y los padres entregan a los niños a padrinos estos reciben en ese día potestad profética sobre cada bebe dedicado, ¿Quiénes eran ellos?
- Si eres cristiano fiel ¿Qué tipo de persona te ha impuesto las manos?.

- Haga un chequeo de las primeras 5 personas que usted ha recibido más ministración sino tienen libertad plena económica usted necesita liberación.

Son muchas las raíces de la pobreza y ruina porque en si la pobreza no comienza con el dinero, es como la muerte, ésta opera a través de algo.

En cuanto a la abundancia santa, no la hechicería de la vanidad de la mente sino la de la abundancia para la que Dios le creo, es necesario confrontarla con lo único que le puede hacer verdaderamente libre, la sangre de Cristo.

He visto miles de personas talentosas, pero por más que se esfuerzan no se les abre las compuertas de la libertad financiera, después de 38 años de predicar el evangelio cada vez me doy cuenta que si existen manos que están bajo maldición y se necesita conocer el poder de un pacto.

Si Dios le dice a los Judíos que por el pacto de sus fundadores es decir por los miles de sacrificios de sangre que hicieron sus fundadores, Dios rompió la maldición de la ruina en sus descendientes por siempre. ¿Cómo será quien logra tener la revelación de la sangre de Cristo? Este es el pacto eterno cumplido, aquello era sombra de lo que había de venir, es decir la redención por medio de la sangre de Jesucristo.

Y que por la ley ninguno se justifica para con Dios, es evidente, porque: El justo por la fe vivirá; y la ley no es de fe, sino que dice: El que hiciere estas cosas vivirá por ellas. Cristo nos redimió de la maldición de la ley, hecho por nosotros maldición (porque está escrito: Maldito todo el que es colgado en un madero), para que en Cristo Jesús la bendición de Abraham alcanzase a los gentiles, a fin de que por la fe

recibiésemos la promesa del Espíritu.
Hermanos, hablo en términos humanos: Un pacto, aunque sea de hombre, una vez ratificado, nadie lo invalida, ni le añade.
Ahora bien, a Abraham fueron hechas las promesas, y a su simiente. No dice: Y a las simientes, como si hablase de muchos, sino como de uno: Y a tu simiente, la cual es Cristo.
Esto, pues, digo: El pacto previamente ratificado por Dios para con Cristo. - Gálatas 3:13-17

Durante miles de años, la religión y el plan diabólico enseño que para ser espiritual era necesario estar ligado a la pobreza, eso le hizo daño a millones que aunque han tratado de salir de la miseria tiene esa mentalidad maligna y por lo tanto no pueden prosperar.

Les diré esta gran verdad; si los ministros religiosos donde usted fue presentado tenían mentalidad de miseria, usted necesita ser liberado, no puedo como anciano apóstol hacerle daño a usted, aplíquese ya la sangre de la mano izquierda de Jesús y su vida económica nunca más será igual.

Las líneas de iniquidad no quebrantadas han retrasado la obra, nadie en miseria y deuda le sirve a Dios con gozo. El liderazgo sin revelación de la sangre de la liberación para la prosperidad, más que bien le ha hecho daño al pueblo. Dios no quiere que ningún hijo suyo tenga falta de ningún bien.

"Amados yo deseo que seas prosperado en todas las cosas"...
3 Juan 2

Acontecerá que si oyeres atentamente la voz de Jehová tu Dios, para guardar y poner por obra todos sus mandamientos que yo te prescribo hoy, también Jehová tu Dios te exaltará sobre todas las naciones de la tierra. Y vendrán sobre ti todas estas bendiciones, y te alcanzarán. - Deuteronomio 28:1-2

No existe ningún modelo bíblico ni profético en el que las personas de propósito vivan mintiendo y obrando en trampas para prosperar, las bendiciones nos alcanzan. Todas las personas que mienten y engañan para conseguir dinero están bajo maldición y no habrá paz con ese dinero. Nosotros necesitamos ser libres porque todo dinero mal habido crea ligaduras de juicio y opresión.

Fue la vida de Sara ciento veintisiete años; tantos fueron los años de la vida de Sara.
Y murió Sara en Quiriat- arba, que es Hebrón, en la tierra de Canaán; y vino Abraham a hacer duelo por Sara, y a llorarla.
Y se levantó Abraham de delante de su muerta, y habló a los hijos de Het, diciendo: "Extranjero y forastero soy entre vosotros; dadme propiedad para sepultura entre vosotros, y sepultaré mi muerta de delante de mí."
Y respondieron los hijos de Het a Abraham, y le dijeron: Óyenos, señor nuestro; eres un príncipe de Dios entre nosotros; en lo mejor de nuestros sepulcros sepulta a tu muerta; ninguno de nosotros te negará su sepulcro, ni te impedirá que entierres tu muerta. Y Abraham se levantó, y se inclinó al pueblo de aquella tierra, a los hijos de Het, y habló con ellos, diciendo: Si tenéis voluntad de que yo sepulte mi muerta de delante de mí, oídme, e interceded por mí con Efrón hijo de Zohar, para que me dé la cueva de Macpela, que tiene al extremo de su heredad; que por su justo precio me la dé, para posesión de sepultura en medio de vosotros.
Este Efrón estaba entre los hijos de Het; y respondió Efrón heteo a Abraham, en presencia de los hijos de Het, de todos los que entraban por la puerta de su ciudad, diciendo:
No, señor mío, óyeme: te doy la heredad, y te doy también la cueva que está en ella; en presencia de los hijos de mi pueblo

te la doy; sepulta tu muerta.
Entonces Abraham se inclinó delante del pueblo de la tierra, y respondió a Efrón en presencia del pueblo de la tierra, diciendo: Antes, si te place, te ruego que me oigas. Yo daré el precio de la heredad; tómalo de mí, y sepultaré en ella mi muerta.
Respondió Efrón a Abraham, diciéndole:
Señor mío, escúchame: la tierra vale cuatrocientos siclos de plata; ¿qué es esto entre tú y yo? Entierra, pues, tu muerta.
Entonces Abraham se convino con Efrón, y pesó Abraham a Efrón el dinero que dijo, en presencia de los hijos de Het, cuatrocientos siclos de plata, de buena ley entre mercaderes. Y quedó la heredad de Efrón que estaba en Macpela al oriente de Mamre, la heredad con la cueva que estaba en ella, y todos los árboles que había en la heredad, y en todos sus contornos, como propiedad de Abraham, en presencia de los hijos de Het y de todos los que entraban por la puerta de la ciudad.
Después de esto sepultó Abraham a Sara su mujer en la cueva de la heredad de Macpela al oriente de Mamre, que es Hebrón, en la tierra de Canaán. Y quedó la heredad y la cueva que en ella había, de Abraham, como una posesión para sepultura, recibida de los hijos de Het. - Génesis 23"1-20

Cuando cualquier hijo de justicia no tiene poder económico se puede caer en el riesgo de vivir para la miseria y hacer transacciones de opresión. Considere este discernimiento profético, cada vez que usted recibe dinero de alguien como ofrenda usted en el mundo espiritual queda endeudado con esa persona, por eso la biblia dice:

A Jehová presta el que da al pobre, Y él le dará su paga.
- Proverbios 19:17

Bienaventurado el que piensa en el pobre: En el día malo lo librará Jehová. - Salmo 41:1

El levanta del polvo al pobre, Y al menesteroso alza del estiércol. - Salmo 113:7

Estas son palabras dimensionales y de alta revelación, todo el que recibe dinero se endeuda con el que se lo dio, como el Señor es el que levanta al caído él defiende al pobre y al huérfano; cuando usted da dinero para que se predique el evangelio y se lleve la buena noticia a los pobres, su dinero es un préstamo a Dios. Es por eso que se multiplica en gran manera. Cuando se ofrenda para la misiones y todo lo que sea la predicación del santo evangelio del Reino de Dios se multiplica.

Es por eso que en el caso de Abraham con los hetitas, él no podía recibir siendo un príncipe del Dios eterno regalos de generaciones de maldición, tampoco Abraham lo quería a mitad de precio, ni regalado por el efecto espiritual que tendría para sus próximas generaciones.

No, señor mío, óyeme: te doy la heredad, y te doy también la cueva que está en ella; en presencia de los hijos de mi pueblo te la doy; sepulta tu muerta.

Entonces Abraham se inclinó delante del pueblo de la tierra, y respondió a Efrón en presencia del pueblo de la tierra, diciendo: Antes, si te place, te ruego que me oigas. Yo daré el precio de la heredad; tómalo de mí, y sepultaré en ella mi muerta. Respondió Efrón a Abraham, diciéndole: Señor mío, escúchame: la tierra vale cuatrocientos siclos de plata; ¿qué es esto entre tú y yo? Entierra, pues, tu muerta.

La falta de libertad financiera ha hecho que nuestras generaciones queden presas en la trampa y ligados por siempre. Es lo que hacen millones de politiqueros sin Dios en su corazón, hechiceros que por miles de obreros no tener la revelación de la sangre se comprometen ya que estos perversos le dan de las sobras en sus corrupciones manipuladoras y los hijos de gracia pierden autoridad para reprenderlos. Nunca olvides todo el que recibe dadivas se endeuda con quien le dio es por eso que Dios dijo: ..."Mas bienaventurado es dar que recibir..."

La revelación de la sangre de Cristo le trajo a la iglesia que nació en pentecostés poder económico para que nunca fuese chantajeada.

Observe lo siguiente:

Y los apóstoles daban testimonio de la resurrección del Señor Jesús con gran esfuerzo; y gran gracia era en todos ellos. Que ningún necesitado había entre ellos: porque todos los que poseían heredades o casas, vendiéndolas, traían vendían sus propiedades y traían el precio de lo vendido, y lo ponían a los pies de los apóstoles; y era repartido a cada uno según que había menester. Entonces José, que fue llamado de los apóstoles por sobrenombre, Bernabé, (que es interpretado, Hijo de consolación) Levita, natural de Chipre, Como tuviese una heredad, la vendió, y trajo el precio, y lo puso a los pies de los apóstoles. - Hechos 4:33-37.

Cuando la obra no tiene libertad financiera es fácil caer en las trampas de la mala oferta y la corrupción. Es por eso que necesitamos aplicar la sangre del clavo de la mano izquierda para así ser libres de todo yugo de opresión y ruina.

La revelación que le estoy entregando alcanzará a millones, la historia de la iglesia cambiará con esta palabra, anulo como apóstol profético de Dios la promulgación de la ruina y la miseria, en el nombre de Jesucristo, nombre que es sobre todo nombre, cancelamos toda obra de mentira y engaño, apelo al sacrificio vivo de nuestro Cristo para creer en el poder de la sangre de Jesús, la cual es superior a todos los sacrificios antiguos, por el poder de la revelación de Dios nos desconectamos de toda obra de maldad y somos libres para siempre por el poder de la sangre de Jesús, amén.

La revelación de la sangre del clavo de la mano izquierda le da libertad financiera total operando de las siguientes 5 formas de control:

1. Poder sobre todo lo que sea dinero.
2. Autoridad profética para llamar las cantidades que necesita.
3. Le indica las estrategias perfectas de inversión financiera comenzando con su responsabilidad en la predicación del evangelio del reino de Dios.
4. Estrategias de consolidación financiera.
5. Capacidad para preparar a sus generaciones venideras para que no sean pobres ni le adulen a nadie desde el punto de vista económico.

En una ocasión se anunció una gran recesión económica en los Estados Unidos de norte América, para aquellos años yo estaba comenzando nuestra gran misión en Charlotte, cuando las noticias comenzaron a decir de la gran catástrofe financiera que venía, hable con autoridad al dinero y le dije que me tenía que obedecer y que en esa época que sería de mal para otros, yo por el poder de la sangre de Cristo recibiría 10 veces más que lo que tenía antes. Así fue como nosotros en ese tiempo compramos casas, nuestro centro de convenciones que vale unos 3.5 millones de dólares e invertí miles en misiones mundiales, me acordé del poder profético como se movían los escogidos de Dios.

No diga en su corazón:
Mi poder y la fuerza de mi mano me han traído esta riqueza sino acuérdate de Jehová tú Dios, porque él te da el poder para hacer las riquezas, a fin de confirmar su pacto que juró a tus padres, como en este día. Deuteronomio 8:17,18

Es necesario cortar de raíz los argumentos malignos de pobreza para eso haga lo siguiente:

- Comience a pagar sus deudas.
- Devuelva lo que no es suyo que no le hayan dado.
- No acepte nada que le den por lastima.
- No participe en ninguna mala negociación.
- No tome dinero que usted sepa que es mal habido.
- Pague sus diezmos.
- Pague sus primicias.
- Pague sus votos.
- Aparte una porción de dinero para el que no tiene especialmente misioneros, viudas, ancianos, niños, huérfanos y obra social.
- Dedique sus posesiones a Dios antes y después de tenerlas y de una ofrenda por eso.
- Incluya su negocio en el pacto con Dios, es decir de su empresa también diezme y ofrende.
- Practique el código diez: este está ligado a diezmos, a superabundancia, prosperidad, crecimiento, multiplicación,

a ventas y compuertas abiertas, a tierra deseables y a bendición hasta que sobre abunde.

La sangre del clavo de la mano izquierda de Jesús tiene todo el poder para romper toda maldición que fluye activando ruina y pobreza por lo tanto declaramos:

- Por la sangre del clavo de la mano izquierda de Jesús se va para siempre de mi vida toda maldición hereditaria de ruina, escases y pobreza.
- Por la sangre del clavo de la mano izquierda de Jesús recupero todo poder legal sobre el dinero el cual me obedecerá cuando lo llame no importando las cantidades, estas me seguirán.
- Por la sangre del clavo de la mano izquierda de Jesús todo lo que yo toque con la mano izquierda prosperarás y dará fruto en todas sus dimensiones: 100 por uno, Mil por uno, tres mil por uno y todo lo que Dios me indique.
- Por la sangre del clavo de la mano izquierda de Jesús rompo con la mala conexión con el dinero todo lo que toque con la mano izquierda se incrementa milagrosamente.
- Por la sangre del clavo de la mano izquierda de Jesús: rompo toda ligadura de deuda y la maldición de pedir prestado.
- Por la sangre del clavo de la mano izquierda de Jesús, hoy comienzan a llegar a mi vida las mejores conexiones de prosperidad y de éxito.
- Por la sangre del clavo de la mano izquierda de Jesús, recupero el poder de la abundancia de pan en mi apellido
- Por la sangre del clavo de la mano izquierda de Jesús, recupero el poder que atrae las mejores negociaciones.
- Por la sangre del clavo de la mano izquierda de Jesús, recupero todo el poder para recoger mi cosecha.

- Por la sangre del clavo de la mano izquierda de Jesús, recupero el poder de disfrutar mi cosecha.
- Por la sangre del clavo de la mano izquierda de Jesús, recupero el poder de dar a mi prójimo.
- Por la sangre del clavo de la mano izquierda de Jesús, recupero el poder de la buena administración de todos los recursos que el eterno nos dé conforme a su gracia bendita, amén.

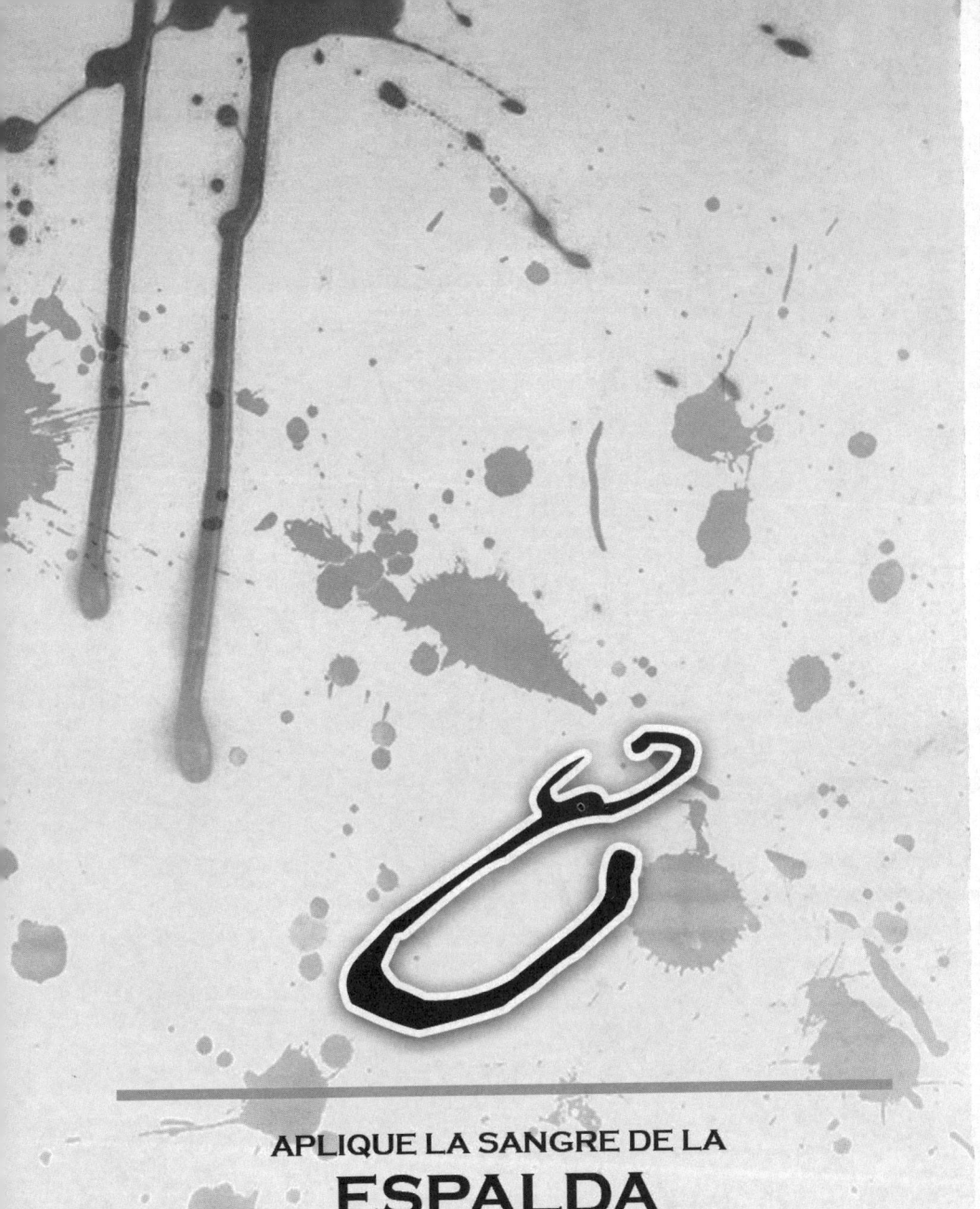

APLIQUE LA SANGRE DE LA
ESPALDA
DE LAS LLAGAS DE JESÚS

Capítulo Ocho

Aplique la sangre de la espalda de las llagas de Jesús

"Ciertamente llevó él nuestras enfermedades, y sufrió nuestros dolores; y nosotros le tuvimos por azotado, por herido de Dios y abatido. Mas él herido fue por nuestras rebeliones, molido por nuestros pecados; el castigo de nuestra paz fue sobre él, y por su llaga fuimos nosotros curados" - Isaías 53:3,5

Definitivamente la enfermedad no es una bendición, existe para afligir al ser humano. El primer Adán fue hecho a imagen de Dios y nunca se enfermaba, toda la maldición de la enfermedad comenzó con el pecado.

Hay treinta y nueve conductos de maldición de enfermedad física, es decir, enfermedades que afligen el cuerpo como por ejemplo:

- Enfermedades sobre el sistema nervioso, eso es controlado por una plataforma maligna.
- Enfermedades sobre los huesos.
- Enfermedades del corazón.
- Enfermedades sobre el sistema digestivo.
- Enfermedades sobre los ojos.
- Enfermedades sobre los oídos.
- Enfermedades sobre la nariz.
- Enfermedades en las glándulas.

- Enfermedades sobre la piel.
- Enfermedades sobre el sistema respiratorio.
- Enfermedades sobre los órganos de reproducción masculino y femenino.

Esta comprobado que no existen más de 39 plataformas de enfermedades, no hay treinta y ocho y no hay cuarenta, todo porque Jesucristo llevaría en su espalda 39 latigazos que tenían puntas de acero y huesecillos, los cuales marcaron su espalda y le hicieron una llaga de sangre para que cualquiera que crea en él y aplique la sangres de las llagas de Jesús en su vida con fe, sea sanado de toda enfermedad.

Es necesario que usted aplique la sangre de las llagas de la espalda de Jesús, le conviene buscar cuales son las líneas de muerte y enfermedades más comunes entre su familia y apellido. Le conviene investigar de que mueren las personas de su pueblo y también de que han muerto la mayoría de las personas de su raza, todo esto es porque si usted aplica la sangre de las llagas de Jesús, cortará con la maldición de esas enfermedades y usted partirá de esta tierra como Abraham el padre de la fe, en buena vejez.

Abraham era viejo y avanzado en años, pero estaba bendecido en todo. - Génesis 24.

Yo comencé a aplicar las llagas de Jesús sobre mi vida y he visto grandes resultados. En una ocasión un ángel se me apareció para hablarme de un tipo de enfermedad, de la que habían muerto muchos de mis familiares y me especificó que de eso no moriría, todo porque yo aplicaba continuamente la sangre de las llagas de Cristo sobre mi vida.

El cáncer es una plataforma maligna de destrucción, pero si usted aplica con fe la sangre de las llaga de Jesús, una de ella es contra todo los tipos de cáncer que existan y usted se sorprenderá con la potencia de la gloria que verá, vivirá sano y esa plataforma maligna a usted no le tocará porque usted por las llagas de Jesús le cierra el paso. El cáncer tienen una vida de destrucción que le sostiene y le hace avanzar sobre el cuerpo, esa vida de destrucción es el espíritu de enfermedad que mueve los distintos tipos de cánceres; cuando esos demonios escuchan de Jesús, de inmediato obedecen y corren. No le tenga miedo a ninguna enfermedad, échela fuera desu cuerpo, de su vida y de su familia aplicando la sangre de las llagas de Jesús.

Cuando comencé a predicar el evangelio yo llamaba a las personas a la plataforma para recibir sanidad, desde que entré en la revelación de las llagas de Jesús, me monto en la plataforma y de inmediato Dios me muestra que comienza a sanar. La revelación de las llagas de Jesús me dio seguridad para las operaciones milagrosas que vemos a diario, por la fe en la sangre de las llagas de Jesús no tengo temor por ninguna enfermedad, sé que todas están vencidas por la sangre de las llagas de Jesús. Cada familia ha sido marcada con distintos tipos de enfermedades y hechicerías que maldicen el cuerpo, y de eso paso a paso el ángel de la muerte pasa a buscar a las personas y todos se van muriendo de manera semejante. Si a usted se le revela la sangre de Jesucristo, verá millones de manifestaciones de poder y resurrecciones milagrosas.

Háblele a cada órgano de su cuerpo que por las llagas de la sangre de Jesús usted es curado. Háblele a cada órgano con autoridad, los órganos de su cuerpo escuchan y obedecerán ante el nombre de Jesús.

Hace muchos años siempre esperaba hasta el final del mensaje para orar por los enfermos, ahora todos se sanan mientras ministro o enseño por el poder de las llagas de Jesús.

Los virus

Ningún virus es creado por Dios, la vida de un virus es sostenida al cuerpo por espíritus de destrucción, es un departamento de satanás para arruinar el cuerpo humano que se pactó con el pecado, es por eso que cuando Cristo resucitó derrotó la debilidad de la carne y caminó 40 días con un cuerpo inmortal. El asunto de las enfermedades es profundamente espiritual y profundo porque los virus son soltados en los aires y transportados por los ambientes y enferman los cuerpos físicos. Hay millones de cuerpos invisibles que se mueven con el viento y están en zonas específicas con la misión de destruir el cuerpo físico. Por cuanto los virus no se detectan con el ojo físico es mejor cubrirse con la sangre de Cristo, la cual destruye la maldición de toda enfermedad.

39 Plataformas maligna para destruir el cuerpo

Yo entendí que solo existen 39 plataformas de enfermedades que afectan el cuerpo y que todas las que aparecen, nuevas, viejas, grandes y pequeñas son dominadas por esta plataforma de enfermedad, por ejemplo las enfermedades que perturban el sistema nervioso. Esa es la plataforma de una llaga de las 39 que Jesús destruyó en la cruz; es por eso que el cáncer tiene una estación que todos conocemos como metástasis, es cuando el virus corre, crece y avanza, no se queda en un solo lugar ni destruye a un solo órgano, sino que de una forma perversa corrompe varios órganos y el cuerpo.

Le contaré este testimonio

Me llamó una señora de un país diciéndome que su hijo se estaba muriendo en un hospital de Charlotte, cuando supe la noticia fui rápidamente a ver a la persona; su cuerpo era un saco de huesos, los médicos le daban tres días, jamás en toda mi vida había visto una persona en un estado tan deprimente, sabía que no me quedaba mas alternativa que aplicar la sangre de Cristo, la cual tiene el poder. Noté una actitud burlista y hasta de desprecio de algunos cuando llegue allí, sin embargo pedí estar solo con la persona y le hablé al cuerpo aplicándole la sangre de las llagas de Jesús. Por cuanto yo no ataqué al cuerpo sino al virus, es decir, a los espíritus escondidos en los cuerpos. Aparentemente todo seguía igual, pero yo sentí en mí que el cuerpo fue libre. A la semana la persona ya caminaba y lo enviaron a su casa, comenzó a engordar, a caminar y a comer. Pasaron los meses y la persona se veía perfectamente bien y como era una persona muy estudiada, comenzó a recibir contratos y mucho dinero. Fue tan poderoso el milagro que los mejores científicos de USA le hicieron un estudio que luego él me mostró; no tenía ni rastros de la enfermedad, eso era asombroso porque a él le quedaban solo días para morir y ahora estaba gordo y sano.

Dos años después de su liberación de todo lo que le atormentaba me escuchó hablar de los diezmos y de las ofrendas, me dijo que estaba agradecido por mis oraciones, pero que no estaba de acuerdo con que yo hablara de diezmos y ofrendas. Vi en sus ojos rebelión, le dije que no se preocupara que la obra caminaría y no podía yo dejar de hablar lo que estaba en la biblia.

Después de éste tener tanto tiempo sano, me dijeron que cayó en el hospital y que estaba muy grave. Al saberlo me incline para orar y escuché la voz del Espíritu Santo que me dijo, "su rebelión activó el espíritu de enfermedad y va a morir." ¿Por qué se volvió a enfermar muy grave? Porque la salud viene de la gracia divina y nosotros debemos ser agradecidos. Yo entendí que la sanidad divina es algo profundamente santo, es profunda y extraordinaria. Generalmente siento el poder de la liberación y Dios me muestra cuando esta operando los cuerpos por las llagas de sangre de Jesús.

Aplique las llagas de sangre de Cristo sobre su vida y la gente que usted ama. Tómese un tiempo y haga un estudio minucioso de las distintas enfermedades que han azotado su vida y la de su familia. Una por una neutralícelas por las llagas de Jesucristo. Identifique los demonios de enfermedad que han hecho que muera gente que usted ama, neutralícelos por las llagas de Jesucristo. Identifique los casos repentinos que han llegado a su vida y la de su familia, neutralícelos por las llagas de Jesucristo.

No acepte ningún virus en su cuerpo, nunca los mire como normal, ordéneles que salgan de su cuerpo y háblele a la parte física para que se restaure por el poder creativo de la palabra de Dios, y en el nombre de Jesús todo es restaurado. Hay millones de enfermedades que han salido de los cuerpos en el nombre de Jesús; los casos son inimaginables para la ciencia médica, están las personas totalmente sanas y es inexplicable para el conocimiento humano.

Aplíquese ahora la sangre de las llagas de Cristo porque ésta tiene todo el poder para destruir todo yugo diabólico de enfermedad.

El odio de los latigazos de los soldados romanos, azotes que tenían huesecillos desgarradores y puntas de acero, los cuales golpearon la espalda de Jesús y fueron 39 profundamente agresivos, declaro que le liberan totalmente de todo yugo, atadura, ligadura y hechicería de enfermedad, sea por mala alimentación, sea hereditaria, sea concebida en los aires, sea por manifestación repentina, sea de cual fuese su origen plataforma y manifestación, le ordenamos que salga ahora de cada cuerpo en el nombre de Jesús.

LE ORDENAMOS QUE SALGA AHORA DE CADA CUERPO EN EL NOMBRE DE JESÚS.

Asegure su mente sana

"Más él, herido fue por nuestras rebeliones, molido por nuestros pecados; el castigo de nuestra paz fue sobre él, y por sus llagas fuimos nosotros curados." - Isaías 53:5

La paz de la que el profeta está hablando es la sanidad del sistema neurótico, es decir, la paz interior para el ser humano. Esta paz interior debe ser primera que la física porque sin paz interior no hay garantías de sanidad física. Este sagrado texto de Isaías, antes de la sanidad física, habla de la paz interior o el Shalom de Dios.

El área donde usted necesita mas ministración de el poder de la llaga es la salud del sistema neurótico, porque hay un espíritu activador de enfermedades y es el espíritu del temor, y este se conecta a través de los sensores neuróticos del cuerpo y traen imágenes de destrucción.

Los Psicólogos y Psiquiatras existen porque está comprobado que muchas enfermedades son espirituales esto quiere decir que comienzan con falsos sentimientos, falsas imaginaciones, falsas motivaciones, falsos pensamientos. Todas esas desgracias las activan los demonios a través del sistema neurótico.

La enfermedades, antes del cuerpo físico, son espirituales, por cada manifestación física de ataque hay millones en el sistema neurótico y mental; está comprobado que de cada 100 personas que caminan por las calles, 80 tiene graves problemas neuróticos y mentales.

Visiones del Espíritu Santo

Los virus son cuerpos espirituales pequeños, como pequeñas bolsas de aire que están en los ambientes. De estos seres, lo que el Espíritu Santo me muestra, es que transportan la enfermedad y se ponen en conexión con el ser humano, todo para destruir. Una persona sin discernimiento del Espíritu cree todas las mentiras que le hablan estas potestades y precisamente esta es la puerta del temor, la duda, la incredulidad, las confesiones incorrectas, la mala alimentación y el comer sin orar, por la que al cuerpo le entran cosas mortíferas.

Ministración profética

"Y estas señales seguirán a los que creen: En mi nombre echarán fuera demonios; hablarán nuevas lenguas; tomarán en las manos serpientes, y si bebieren cosa mortífera, no les hará daño; sobre los enfermos pondrán sus manos, y sanarán". - Marcos 16:17-18.

Juan marcos el escritor de este evangelio habla de 4 grandes verdades:

A. Echar fuera demonios.
B. Hablar en lenguas.
C. Comer lo mortífero y no sufrir daños.
D. Sanar enfermos a través de la imposición de manos.

En estas 4 grandes verdades está las revelación del propósito de las liberación, a través de las llagas de Jesús nos indica que toda opresión comienza con demonios; cuando dice de hablar en lenguas se refiere al poder de Espíritu Santo sobre la persona que ministra sanidad. En esta revelación, la de los alimentos, no solo habla de venenos sino de la contaminación que se transporta por los alimentos, y que al orar Dios neutraliza estas potestades que arruinan, matan y enferman el cuerpo.

La sangre de la llagas aplicada

La sangre de Cristo saca todo espíritu de enfermedad de los cuerpos, porque la sangre de Cristo habla con mayor fuerza que la de Abel, es por eso que el Espíritu Santo se manifiesta sacando toda opresión del mal de los cuerpos donde se proclama la sangre de Cristo, de su espalda y las llagas de su cuerpo. Todo virus de destrucción a usted no le hará daño por el poder de la sangre de Cristo aplicada.

Oración

Padre nuestro que estas en los cielos, bendito y santificado es tu nombre, respetamos tu grandeza y aceptamos el poder de tu santidad, te pido perdón por la ignorancia respecto a la sangre de las llagas de Jesús, hoy corto de raíz toda conexión de muerte y enfermedad repentina activada por el pecado y la rebelión. Declaro con todo mi corazón que no partiré de esta tierra azotado por virus y enfermedades, me iré cuando cumpla tu agenda asignada, líbrame de las locuras del sistema neurótico, líbrame de los desordenes en el cuerpo, líbrame de lo que se mueve en los aires que no se ve con los ojos físicos, pero que dañan el cuerpo, quiero terminar mi carrera como Abraham, en buena vejez, sin dolor de cabeza, sin cáncer y sin padecer ninguna enfermedad tormentosa.

Con todo mi corazón acepto vivir para el propósito de Dios y andar en tu perfecta voluntad escuchando tu voz y obedeciendo, acepto la revelación plena de la sangre de

Jesús y corto de raíz con toda operación bruja, hechicera y maligna por el poder creativo de las llaga de Jesús.
- Ahora sale de mi cuerpo todo virus maligno.
- Sale de mi cuerpo todo yugo de opresión.
- Sale de mi cuerpo toda raíz ancestral de conexión con crisis neurótica y de opresión, acepto la revelación de la sangre de Cristo aplicada.
- Sale de mi cuerpo todo lo que tenga conexión con destruir el cuerpo físico, declaro que viviré la salud divina y no me iré de esta tierra hasta que se cumpla todo lo que Dios quiera con mi vida, después avanzaré a mi próxima dimensión eterna.

Declaración apostólica

Rompo en el nombre de Jesús con su pasado de muerte repentina y enfermedades traumáticas, acepto el pensamiento de bien en el nombre de Jesús y de vida por las llagas de Jesús y su sangre bendita aplicada sobre ti ahora, es libre, vivirá, vivirá, vivirá, vivirá, mire y camine, disfrute de todo lo bueno que Dios estableció para usted. En el nombre de Jesús, amén.

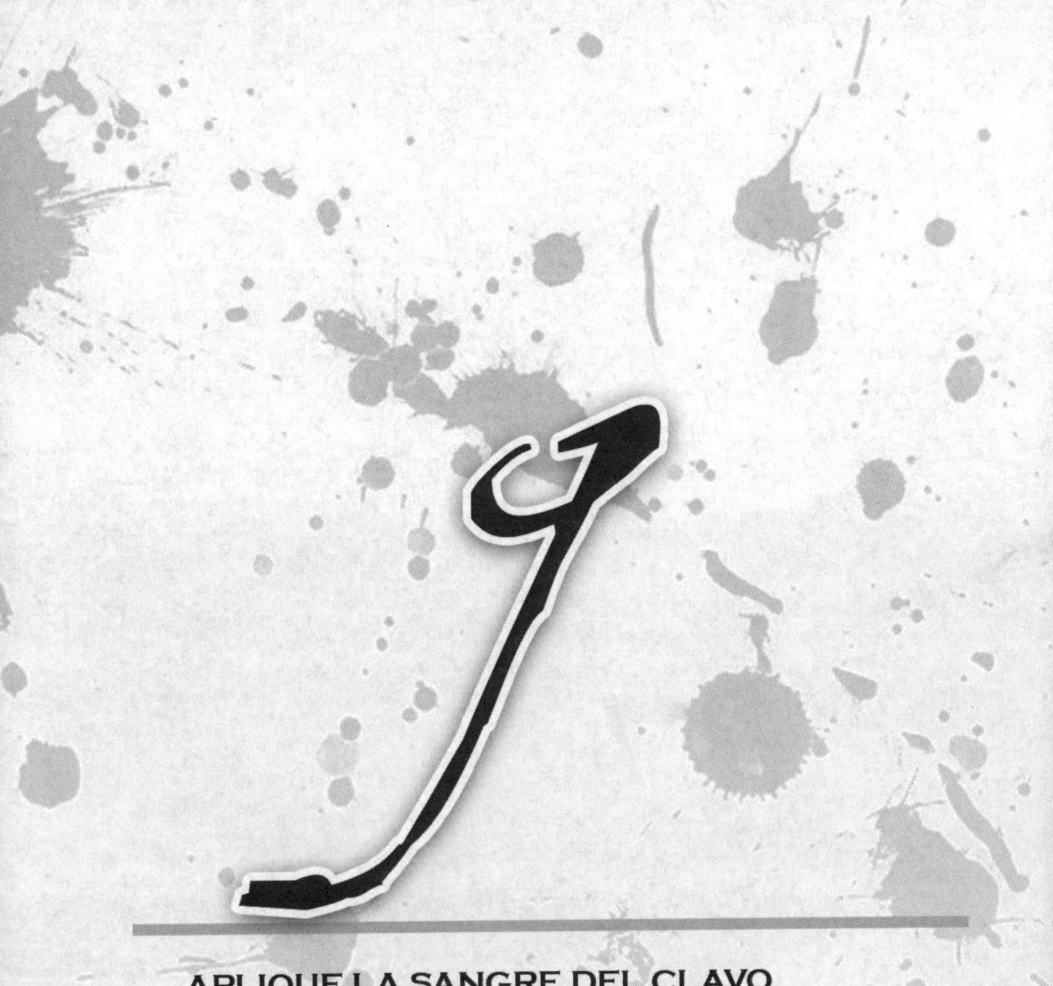

**APLIQUE LA SANGRE DEL CLAVO
DE LOS PIES
DEL CORDERO**

Capítulo nueve

Aplique la sangre del clavo de los pies del Cordero (Jesús)

Una de las maldiciones más grandes que existen para que el ser humano viva arruinado y errante es la maldición en los pies, es precisamente con la que el diablo atacó a Jesús en el desierto. La maldición de tropezar sólo se frustra cuando caminamos en obediencia y alta sumisión a la voz del Espíritu Santo. No existen pasos de éxitos sobre el desobediente o el que quiera andar por sus propios caminos.

Y dijo: No te acerques; quita tu calzado de tus pies, porque el lugar en que tú estás, tierra santa es.- Éxodo 3:5.

Entonces Séfora tomó un pedernal afilado y cortó el prepucio de su hijo, y lo echó a sus pies, diciendo: A la verdad tú me eres un esposo de sangre. - Éxodo 4:25.

En las manos te llevarán, porque tu pie no tropiece en piedra. - El Salmo 91:12

No tropezar sólo está garantizado a las personas que viven la vida cristiana en plenitud de obediencia a la voz del Espíritu y no andan en sus propios pasos.

Enviaré también contra vosotros bestias fieras que os arrebaten vuestros hijos, y destruyan vuestro ganado, y os reduzcan en número, y vuestros caminos sean desiertos. - Levíticos 26:22 .

Esta es una lectura que revela las maldiciones que caen sobre la familia y el poder de la ruina que opera cuando los humanos andan en sus propios pasos. Las personas que tienen la maldición de Caín, es decir andar errantes, no son estables, porque continuamente se están mudando. Esas personas tienen una maldición en los pies.

Ahora pues, maldito seas tú de la tierra que abrió su boca para recibir la sangre de tu hermano de tu mano: Cuando labrares la tierra, no te volverá á dar su fuerza: errante y extranjero serás en la tierra. Y dijo Caín á Jehová: Grande es mi iniquidad para ser perdonada. - Génesis 4:11-13.

Hay varias maldiciones que se activaron en el cuadro profético de Caín:

1. La tierra lo rechaza.
2. La tierra niega sus frutos.
3. La maldición de ser errante.
4. Maldición de la no posesión.

Hay millones de personas que están con los pies en maldición y por más que se esfuerzan no pueden comprar casas, se mudan continuamente, siempre les pasa algo en los mejores lugares donde llegan se tienen que mudar, hay como una sombra mala que les persigue y por alguna razón siempre de los lugares se tienen que ir. La maldición de Caín es todo lo contrario a los pies que anuncian la paz, éstos andan de pueblo en pueblo liberando, bendiciendo y sanando; los que andan con pasos de maldición donde se meten sólo hayan problemas. La única manera de ser verdaderamente libres de la maldición de Caín que fue producto de la traición y se le activó en los pies, es proclamar a la bendita sangre de los clavos de los pies de Jesús sobre nuestras vidas.

Como usted puede meditar profundamente, los pies no son como las manos, sea el pie derecho o el pie izquierdo, las personas que tienen pasos de maldición donde y cuando pisan caminan atormentados, viven con la maldición, es por eso necesario aplicar la Sangre de Jesús.

Hay razas y pueblos e inclusive países que todos los días están en el tormento de vivir errantes, personas que no son estables, ni en los trabajos, ni en los negocios, ni en las iglesias, ni en los estudios, no reconocen a padre ni a madre, viven la vida sin sujeción a nada porque están bajo la maldición en sus pies.

Conexión profética entre la tierra y los pies

La huella de los pies ejerce poder sobre la tierra, sobre los humanos que tienen sus pies en bendición, especialmente los hijos de justicia que anuncian la paz sobre toda persona que predica el evangelio en las casas, Dios le da recompensa y la tierra le obedecerá.

La maldición de los pies anula la bendición de gobernar la tierra. El poder del gobierno, dominio y control sólo se logra con pies bendecidos.

Y los bendijo Dios; y les dijo Dios: Fructificad y multiplicad, y henchid la tierra, y sojuzgadla, y señoread en los peces de la mar, y en las aves de los cielos, y en todas las bestias que se mueven sobre la tierra. - Génesis 1:28

Esta palabra sólo se activa sobre personas que tengan sus pies bendecidos, principalmente el dominio se ejerce con los pies, es por eso que en el mundo de conquista nunca se pone una bandera si no llegan los pies primero, después de pisar, se posee y después de poseer se coloca la bandera de dominio.

La caída del primer Adán le quitó al ser humano poder eterno sobre los pies, los mayores recursos que sostienen al ser humano están en las aguas y debajo de la tierra, eso sólo se controla por el poder del domino en los pies. Cuando los pies están hechizados no hay protección, no hay recompensa, ni dominio.

Millones de millones necesitan declarar sobre sus pies la sangre del clavo de Jesús porque sus pasos son de maldición y parecieran que las personas fueran buena gente, no aparentan ser malos pero no se les da nada, siempre pierden y eso contradice la biblia y la redención de Jesús la cual nos alinea con éxito, prosperidad gobierno y poder.

Porque Jehová conoce el camino de los justos; más la senda de los malos perecerá.- Salmo 1:5

Me mostrarás la senda de la vida; en tu presencia hay plenitud de gozo; delicias a tu diestra para siempre. - Salmo 16:11

Mas la senda de los justos es como la luz de la aurora, que va en aumento hasta que el día es perfecto.

El camino de los impíos es como la oscuridad; no saben en qué tropiezan. - Proverbios 4:18:19

En estos versículos usted puede comprobar que sí existen pasos bendecidos y pasos maldecidos. Hay personas que creen que tienen dominio de cualquier ciudad y no es así, se lo mostraré:

Y pasando á Frigia y la provincia de Galacia, les fué prohibido por el Espíritu Santo hablar la palabra en Asia. Y como vinieron á Misia, tentaron de ir a Bitinia; mas el Espíritu no les dejó. Y pasando a Misia, descendieron á Troas. Y fué mostrada a Pablo de noche una visión: Un varón Macedonio se puso delante, rogándole, y diciendo: Pasa a Macedonia, y ayúdanos. - Hechos 16:6-9

En este texto el Espíritu Santo le prohíbe a Pablo operar y quedarse en ciertas tierras porque proféticamente no tendría éxito si se quedaba allí sin el poder de la bendición; Dios le tenía su lugar para implantar el gobierno. Vivo sorprendido con las miles de personas que se mueven sin consultar a Dios ni a sus autoridades espirituales y con los problemas que les sobrevienen, los tiempos de dolor y complicaciones a la que someten su vida y la de su familia.

Los pasos de la adoración

Dependiendo la profundidad de los pies que adoran, se determinará si allí se domina la tierra; la gran experiencia la encontramos en Abraham que caminaba y en cada territorio levantaba altares. Abraham con sus pies pisaba e iba dominando.

Y ACONTECIO después de estas cosas, que tentó Dios á Abraham, y le dijo: Abraham. Y él respondió: Heme aquí. Y dijo: Toma ahora tu hijo, tu único, Isaac, á quien amas, y vete á tierra de Moriah, y ofrécelo allí en holocausto sobre uno de los montes que yo te diré. Y Abraham se levantó muy de mañana, y enalbardó su asno, y tomó consigo dos mozos suyos, y á Isaac su hijo: y cortó leña para el holocausto, y se levantó, y fué al lugar que Dios le dijo.- Génesis 22:1-3

Todos sabemos que la tierra de Canaan estaba marcada por altos sacrificios a las potestades diabólicas más grandes que existen y es por eso que allí encontramos la tierra más conflictiva del mundo. Desde allí lo malo quiso conquistar la tierra y es tan real que aunque está vencido el mentiroso Satanás engaña a miles haciendo creer que él manda; sin embargo, los pies de los altos sacrificios dominaron la tierra hasta el día hoy es por eso que los pies de Jesús marcaron esa tierra. Jesús hizo allí el más alto sacrificio y por eso siempre dominaremos por su profundidad profética.

Todo comenzó con Abraham cuando Dios le dijo que en un lugar específico sacrificara a su hijo. El padre eterno tenía predestinado un lugar perfecto donde sería marcado el territorio. Abraham obedeció y Dios marcó la tierra como posesión donde nació el mesías santo, nuestro señor Jesús.

Y dijo: Por mí mismo he jurado, dice Jehová, que por cuanto has hecho esto, y no me has rehusado tu hijo, tu único; bendiciendo te bendeciré, y multiplicando multiplicaré tu

simiente como las estrellas del cielo, y como la arena que está á la orilla del mar; y tu simiente poseerá las puertas de sus enemigos: En tu simiente serán benditas todas las gentes de la tierra, por cuanto obedeciste á mi voz.
- Génesis 22:16-19

En estos versículos la escritura nos revela que los pasos de obediencia abrieron la brecha de la bendición eterna la cual vemos con nuestros ojos hasta hoy. Los pies que levantan altar a Dios según la adoración, así será la recompensa. Por eso es que millones de personas y cientos de países idólatras y paganos no experimentan la bendición de Dios debido a la dedicación a potestades diabólicas por parte de los ancestros. Observe que aunque tienen los mejores territorios, llenos de recursos minerales y acuáticos del mundo entero, viven en ruina total, por los pasos de falsa adoración que se dieron.

El lugar que Abraham marcó con sus pies fue años más adelante donde Salomón construyó el templo para adorar a Dios y donde generaciones más tarde fue presentado el Mesías y se derramó allí la Sangre del prepucio de Jesús al octavo día de nacer en su presentación en lugar de la vida de Isaac.

Liberando las casas de maldición

Los postes de las casas son los pies de la construcción, es decir los fundamentos de las casas. Dios para libertar a Israel de 400 años de opresión envió a colocar sangre de cordero en las bases de las casas, ósea en los pies de la casa y así fueron los israelitas libres.

"Y tomarán de la sangre, y la pondrán en los dos postes y en el dintel de las casas..."- Éxodo 12:7

La maldición de todos los pueblos violentos, pobres, llenos de asesinatos sobre la tierra está vinculada a dedicaciones a espíritus de perversión en alto grado. Para que prevalezca la verdad es necesario que los pies que anuncian la paz, sean plantados para cambiar las dedicaciones diabólicas mediante la llegada a las casas pueblos y territorios con la bendición de Dios, en cada pisada de los santos que anuncian la paz se cambia la maldición por bendición y es por eso que los países, los barrios, las ciudades, las casas cambian con el poder de nuestro Dios.

Y matarás el carnero, y tomarás de su sangre y la pondrás sobre el lóbulo de la oreja derecha de Aarón, sobre el lóbulo de la oreja de sus hijos, sobre el dedo pulgar de las manos derechas de ellos, y sobre el dedo pulgar de los pies derechos de ellos, y rociarás la sangre sobre el altar alrededor. - Éxodo 29:20

Describe la consagración de ministros que son dedicados en dos partes específicas, una donde se le colocaba sangre en la oreja derecha y otro en el pie derecho; esto es muy profundo porque la sangre se está aplicando a familias sacerdotales de modo que vivan una dimensión de alta consagración a Jehová de los ejércitos.

En esta escritura hay sabiduría, la idea de Dios con esta revelación es levantar generaciones que le sirvan a Él en santidad y para ello es necesario consagrar los pies y los oídos de modo que puedan ser fieles. No hay una cosa más perversa que los sordos espirituales que dicen servir a Dios y los que andan por sus propios caminos que aparentan servir a Dios. Para asegurar que levantaremos generaciones consagradas es necesario aplicar la sangre del Cordero de gloria sobre sus pies.

La Sangre en los pies nos libra de las caídas

Mi socorro viene de Jehová, que hizo los cielos y la tierra. No dará tu pie al resbaladero. - Salmo 121:2-3

La falta de liberación en los pies hace que miles vivan tropezando y cayendo continuamente, hay personas que tratan de esforzarse pero sus pies están ligados a pactos y dedicaciones de pecado. Créalo hay personas que por no tener revelación de la sangre de Jesús siempre están cayendo, tropezando, metidos en muchos problemas y en tormentos; la problemática es que así crían a sus hijos y sus generaciones heredan pasos de maldición.

El poder de los pies marcados por la Sangre del Cordero

Y cuando las plantas de los pies de los sacerdotes que llevan el arca de Jehová, Señor de toda la tierra, se asienten en las aguas del Jordán, las aguas del Jordán se dividirán; porque las aguas que vienen de arriba se detendrán en un montón. - Josué 3:13

Las aguas no se le abrieron al resto del pueblo sino a los sacerdotes que llevaban el arca, los pies consagrados las abrieron.

- Cuando a usted no se le abren las puertas, necesita aplicar la sangre de los pies del Cordero.
- Cuando los negocios están cerrados, necesita aplicar la sangre de los pies del Cordero.
- Cuando no puede comprar y vive rentando, usted necesita aplicar la sangre de los pies del Cordero.
- Cuando no cosecha, usted necesita aplicar la sangre de los pies del Cordero.
- Cuando a usted siempre lo roban, necesita aplicar la sangre de los pies del Cordero.
- Cuando pierde tierras y posiciones, usted necesita aplicar la sangre de los pies del Cordero.
- Cuando tiene accidentes continuos, necesita aplicar la sangre de los pies del Cordero.
- Cuando siente territorio pisados por brujos, usted necesita aplicar la sangre de los pies del Cordero.
- Cuando usted entra a zonas dedicadas a demonios, usted necesita aplicar la sangre de los pies del Cordero.
- Cuando usted se muda a una casa necesita aplicar la sangre de los pies del Cordero.
- Cuando usted llega a una ciudad, país o barrio que Dios le envió, necesita aplicar la sangre de los pies del Cordero.

La Sangre de Cristo aplicada asegura que su huella marque el territorio y pase a su posesión, dominio y gobierno. Sin la aplicación de la sangre de los pies, los demonios no le obedecen; religión no gobierna el mundo espiritual, los demonios no obedecen a los sentimientos y emociones, sólo a las leyes eternas y ésta es una de las más grandes; el poder de la sangre de Jesucristo en los pies.

Cuando llegué por primera vez a Israel, al comenzar a subir el monte, le pedí al taxista que me llevaba a Jerusalén, la ciudad santa. En el camino le pedí que parara, entonces hice dos cosas, bendije la tierra y besé la tierra. Lo hice por respeto, por reverencia porque allí caminó Jesús, los patriarcas, los padres de la fe, mis hermanos fieles y mayores que honraron el nombre de nuestro Dios. Hice mi acto profético con todo mi corazón y después de allí mi vida nunca más fue igual, algo ha pasado en mi vida que en lenguaje humano no se puede explicar.

La Sangre del clavo de los pies de Jesucristo tiene tanto poder que está plenamente diseñada desde la eternidad para recuperar el poder de la posesión que perdió el primer Adán. El diablo le quitó el poder de la huella de los pies, debido al producto del pecado y la rebelión contra Dios y no solamente el pecado del primer Adán, de allí se continuó practicando miles de pasos de pecado, de idolatría y rebelión de políticos, comerciantes, ignorantes, músicos y fundadores de pueblo donde en plena rebelión contra Dios su piedra principal estuvo transportada con pasos de oscuridad y sangre de aflicción.

Por el hecho de que hay un mundo oscuro y maldito en el pasado de los pueblos, es necesario aplicar en nuestros pasos la sangre de los pies de Jesús y también sobre nuestras vidas.

La única manera de que no se cumpla esta escritura es que existan maldiciones en los pies.

Yo os he entregado, como lo había dicho á Moisés, todo lugar que pisare la planta de vuestro pie. - Josué 1:3.

El nombre de Josué significa lo mismo que Jesús (salvación). En las primeras palabras de Dios al hombre que introduce al pueblo de Israel en la tierra de Canaán le recuerda el poder profético de los pies.

Aplicar la sangre de Cristo en los pies y caminar con revelación del Espíritu Santo los lugares donde Él le envía a controlar, asegura el éxito, es imposible que no le vaya bien. Este Josué nunca caminó inseguro en la tierra de Canaán, este profeta apostólico de Dios sabía que la huella de sus pies era más grande que las huellas de las de sus manos por eso nunca dudo en su poder profético de posesión, gobierno y dominio.

10

APLIQUE LA SANGRE DE
LA PLACENTA
DE SALVACION

Capítulo Diez

Aplique la sangre de la placenta de salvación

Entonces los judíos, por cuanto era la preparación de la pascua, a fin de que los cuerpos no quedasen en la cruz en el día de reposo (pues aquel día de reposo era de gran solemnidad), rogaron a Pilato que se les quebrasen las piernas, y fuesen quitados de allí.
Vinieron, pues, los soldados, y quebraron las piernas al primero, y así mismo al otro que había sido crucificado con él. Mas cuando llegaron a Jesús, como le vieron ya muerto, no le quebraron las piernas. Pero uno de los soldados le abrió el costado con una lanza, y al instante salió sangre y agua. Y el que lo vio da testimonio, y su testimonio es verdadero; y él sabe que dice verdad, para que vosotros también creáis. Porque éstas cosas sucedieron para que se cumpliese la Escritura: No será quebrado hueso suyo. Y también otra Escritura dice: Mirarán al que traspasaron.
- Juan 19:31-37.

La salvación siempre fué para nosotros los que vivimos en la pasión de ganar almas para Dios, una gran batalla espiritual por falta de la revelación de la sangre del costado que salió de Jesús.

Agua y sangre

Pero uno de los soldados le abrió el costado con una lanza, y al instante salió sangre y agua. - Juan 19:34

Conocer la revelación de esta sangre es gloriosa y extraordinaria porque todos tenemos amigos, familiares y conocidos que necesitan un encuentro genuino con Jesucristo.

La Biblia aclara que las armas de nuestra milicia no son carnales sino poderosas en Dios para destrucción de fortalezas. Es por eso que cuando ministramos salvación sobre personas que amamos y otras que Dios nos pone en el camino, debemos tener la revelación de la sangre que salió del costado de Jesús.

Cuando una mujer da a luz una nueva criatura, es precisamente allí donde aparece agua y sangre mezclada, esto tiene mucha revelación y profunda sabiduría. Dios me dio el privilegio de cuando tuve esta revelación de la sangre del costado para liberar personas atadas por el pecado, comencé a ver que a toda persona que le aplicaba esta sangre, Dios lo quebrantaba; es por eso que quiero recomendar a toda persona en los programas de evangelismo que trabajen con listas de nombres a los cuales se les hagan oraciones específicas declarando su salvación por el poder de la sangre de la placenta eterna de Jesús.

Si nosotros caminamos con la revelación de la sangre de la placenta de Jesús jamás perderemos familiares, amigos y conocidos.

Yo declaro que se revela a su vida el poder de la

sangre y agua que salieron del costado de Jesús, esto es la placenta eterna que implica salvación, para el gran mover del bendito Espíritu Santo que alcanzará a millones.

Esta gran palabra de sabiduría tiene significado eterno porque hará caer millones de cadenas, ligaduras y ataduras en sus familiares, amigos y conocidos. Por el poder del nombre que es sobre todo nombre, a cualquier vida donde quiera que usted esté y le aplique la sangre del costado de Jesús, será salvo.

En el asunto de la salvación, si conocemos el poder de la sangre de Cristo que salió de su costado veremos ser salvos a millones de personas.

La historia del cristianismo cambia con la revelación de la sangre que Cristo derramó desde lo más profundo de su ser, ésta es la sangre que salió de su corazón es decir, ésta sangre, cada gota tiene la misión divina de libertarnos para siempre de todo yugo del pecado.

¿Cómo debe usted operar con la sangre de la placenta eterna?

Debe tener la fe de que cada persona por la que usted ante Dios interceda en oración, nombre por nombre declarando libertad por la sangre de Jesucristo, la palabra opera en salvación; les contaré la siguiente historia de un hombre llamado Esteban:

¿A cuál de los profetas no persiguieron vuestros padres? Y mataron a los que anunciaron de antemano la venida del Justo, de quien vosotros ahora habéis sido entregadores y matadores; vosotros que recibisteis la ley

por disposición de ángeles, y no la guardasteis. Oyendo estas cosas, se enfurecían en sus corazones, y crujían los dientes contra él. Pero Esteban, lleno del Espíritu Santo, puestos los ojos en el cielo, vio la gloria de Dios, y a Jesús que estaba a la diestra de Dios, y dijo: He aquí, veo los cielos abiertos, y al Hijo del Hombre que está a la diestra de Dios.
Entonces ellos, dando grandes voces, se taparon los oídos, y arremetieron a una contra él. Y echándole fuera de la ciudad, le apedrearon; y los testigos pusieron sus ropas a los pies de un joven que se llamaba Saulo. Y apedreaban a Esteban, mientras él invocaba y decía: Señor Jesús, recibe mi espíritu. Y puesto de rodillas, clamó a gran voz: Señor, no les tomes en cuenta este pecado. Y habiendo dicho esto, durmió. - Hechos 7:60.

Lo único que estaba haciendo Esteban era aplicando la sangre de su redentor y el Espíritu Santo que es el perfecto consolador, guió a las personas allí presentes que pusieran las ropas de Esteban a los pies de Pablo, allí éste quedó marcado para siempre. Pablo con ese acto profético fue sentenciado como alma de salvación.

Salvación

Esto es lo más grande de la redención y esa sangre salió del centro del corazón de Jesús, porque esa es la gran misión de amor del Padre cuando lo envió a derramar sangre.

Porque de tal manera amó Dios al mundo, que ha dado a su Hijo unigénito, para que todo aquel que en él cree, no se pierda, mas tenga vida eterna. - Juan 3:16.

Este libro esta escrito para que conozca la sangre que salió del corazón de Dios para salvarlo a usted y a sus generaciones; toda la perdición del mundo está vinculada a desconocer el poder de la sangre de Cristo aplicada.

Este es el principio de todo lo bueno, lo agradable y lo perfecto; esto es lo más odiado por el mundo de los demonios, esto es lo más delicado e importante de la predicación, la revelación de la sangre de la placenta eterna, esa sangre que salió de corazón de Jesús tiene tanto poder que:

(Pero uno de los soldados le abrió el costado con una lanza, y al instante salió sangre y agua. - Juan 19:34).

Si usted alcanza la revelación de la sangre del costado, esa que salió del corazón de Jesús para romper con toda las maldición del pecado de los seres humanos, le transformará para los siguiente dias, el problema es que millones de personas no la aplican ni a sus vidas, ni en sus familiares y amigos. Nosotros no fuimos llamados para predicar la palabra de condenación sino la palabra de transformación, y esta se hace efectiva cuando aplicamos la sangre del costado de Jesús la que salió de lo más profundo de su corazón, sangre tiene todo el poder para despertar la salvación en los humanos de tal manera que millones sean libres.

Cuando llegó la noche de aquel mismo día, el primero de la semana, estando las puertas cerradas en el lugar donde los discípulos estaban reunidos por miedo de los judíos, vino Jesús, y puesto en medio, les dijo: Paz a vosotros. Y cuando les hubo dicho esto, les mostró las manos y el costado. Y los discípulos se regocijaron viendo al Señor. Entonces Jesús les dijo otra vez: Paz a vosotros. Como me envió el Padre, así también yo os envío. Y habiendo dicho esto, sopló, y les dijo: Recibid el Espíritu Santo. A quienes remitiereis los pecados, les son remitidos; y a quienes se los retuviereis, les son retenidos, - Juan 20: 19-22.

En estas escritura esta la revelación para la impartición del perdón de pecados, Jesús se la delegó a sus discípulos; en éstas omnipotentes palabras lo que se exige es la revelación de la sangre de Cristo aplicada, y nosotros lo hacemos por la fe en la vidas endurecidas por el pecado y rebeldes de corazón como Saulo de Tarso. Cuando hay un testigo de poder y autoridad que aplica con poder de la sangre de Jesús, puede ésta al ser aplicada destrabar la dureza y la rebelión en cualquier pueblo, cultura o nación del mundo.

Tengo un amigo que era misionero en un país donde la Biblia no podía usarse en la calle, tenía un año allí y no había ganado ni una sola persona para Cristo en esa nación. Me reuní con él y le dije que tomara los nombre de las personas y le aplicara la sangre de Cristo. Así de sencillo pero de fe, un año más tarde, él había bautizado más de 1000 personas en ese país.

Los prejuicios con los pueblos son los que frenan a los creyentes para ministrar salvación, Jesús nos enseñó que la ministración de salvación comienza cuando se le aplica a la profundidad del ser humano y su espíritu es despierto, le explicaré eso.

Jesús el Mediador del nuevo pacto, y a la sangre rociada que habla mejor que la de Abel. - Hebreos 12:24.

Si la sangre de Abel llamó a la justicia eterna a que actuará en la tierra por redención; la sangre de Cristo que usted aplique sobre cualquier nombre de los seres humanos en cualquier país o nación no importando cultura o bloqueos de pactos satánicos, la sangre de Cristo les va a hablar a todas las personas. La sangre de Cristo es el salvo conducto que no tiene frenos ni fronteras que puedan impedir que llegue a lo más profundo de todo ser humano, es por eso que la Biblia dice que toda rodilla se doblará y que al fin de la jornada toda lengua confesará que Jesús es el Señor.

Y el centurión que estaba frente a él, viendo que después de clamar había expirado así, dijo: Verdaderamente este hombre era Hijo de Dios. - Marcos 15:39.

La experiencia del jefe del pelotón de torturadores, el centurión romano, el más malo del equipo cuando vio la sangre del costado, pues él estaba frente a Jesús; tuvo que decir verdaderamente éste es el hijo de Dios, su vida fue quebrada; esas palabras son las más impresionantes dichas por un ciudadano romano, reconocer al Mesías Jesús el hijo de Dios. Por su autoridad delegada, el haber mencionado esto activó la esperanza en su corazón, *...el que le confesare con su boca y cree en su corazón es salvo. - Romanos 10:9.*

No hay rebeldía humana que pueda con el poder de la sangre de Cristo aplicada; usted debe hacer su lista de sus familiares, amigos y conocidos que necesiten salvación, no contienda con fuerza humana tratando de convencer a las personas, no cometa ese error, aplique la sangre de Cristo nombre por nombre y verá que toda rodilla se doblará.

Escriba una lista, introdúzcalos en la placenta de la salvación y se sorprenderá porque verá resultados milagrosos nunca antes vistos. La sangre de Cristo tiene todo el poder.

Declaración profética

Así como el mismo día que fue derramada la sangre santa de Jesús, la persona más rebelde del pelotón que lo azotaba confesó que Jesús era el hijo de Dios, esto es una revelación profunda porque la escritura dice que éste centurión lo miró de frente, él pudo perfectamente ver cuando de su costado salía agua y sangre. Es por eso que tuvo que confesar públicamente sin avergonzarse que Cristo era el hijo de Dios. Como anciano apóstol profético declaro sobre su vida y familia, que ningún ser de su familia se perderá. Ahora aplicamos la sangre del constado sobre el nombre de cada una de estas personas. (Debe llenar los espacios en blanco).

1. Esta persona _____,
aplico la sangre que salió del corazón de Jesús y por esa sangre es salva.
2. Esta persona _____,
aplico la sangre que salió del corazón de Jesús y por esa sangre es salva.
3. Esta persona _____,
aplico la sangre que salió del corazón de Jesús y por esa sangre es salva.
4. Esta persona _____,
aplico la sangre que salió del corazón de Jesús y por esa sangre es salva.

5. Esta persona _____, aplico la sangre que salió del corazón de Jesús y por esa sangre es salva.
6. Esta persona _____, aplico la sangre que salió del corazón de Jesús y por esa sangre es salva.
7. Esta persona _____, aplico la sangre que salió del corazón de Jesús y por esa sangre es salva.
8. Esta persona _____, aplico la sangre que salió del corazón de Jesús y por esa sangre es salva.
9. Esta persona _____, aplico la sangre que salió del corazón de Jesús y por esa sangre es salva.
10. Esta persona _____, aplico la sangre que salió del corazón de Jesús y por esa sangre es salva.
11. Esta persona _____, aplico la sangre que salió del corazón de Jesús y por esa sangre es salva.
12. Esta persona _____, aplico la sangre que salió del corazón de Jesús y por esa sangre es salva.

Comience con éste número y vaya añadiendo, pero no permita que ninguna persona de su familia, amigos y conocidos se pierda, viva esta revelación y verá a miles de personas ser salvar a los cuales sus ojos se abren; porque es la misma sangre de Cristo y su sacrificio en la cruz que liberó a este soldado romano, tocará el corazón de todos sus familiares, amigos y conocidos; esto es glorioso, por lo tanto nunca olvide que la sangre de Cristo tiene todo el poder.

EPÍLOGO

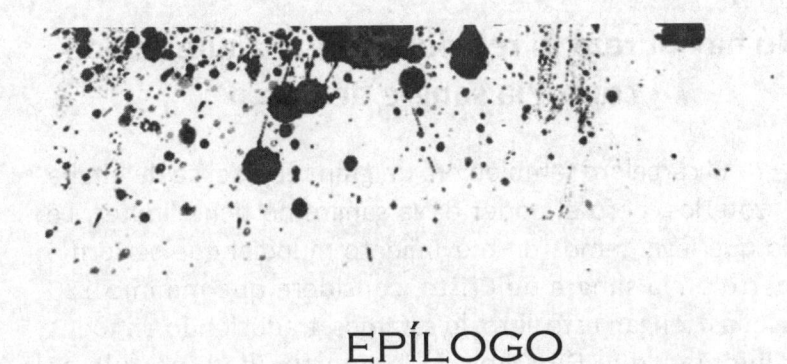

Su sangre no tiene limites

En un tiempo cuando comencé a conocer otras culturas y la aparente dureza de los humanos, eso quiso entristecerme hasta que el Espíritu Santo me ministró con fuerza: "La sangre de Jesús tiene poder infinito", haga la prueba y no se desespere, atrévase a creer lo que dice la palabra de Dios.

Quiero que tenga la plena seguridad que no existe ninguna operatividad maligna creada o por crearse que resista el poder de la sangre de Cristo aplicada.

El entonces, pidiendo luz, se precipitó adentro, y temblando, se postró a los pies de Pablo y de Silas; y sacándolos, les dijo: Señores, ¿qué debo hacer para ser salvo? Ellos dijeron: Cree en el Señor Jesucristo, y serás salvo, tú y tu casa.
- Hechos 16:29-31

No hay dureza ni rebeldía humana que pueda contra la sangre de Cristo

El carcelero también era un gran rebelde, se deleitaba en azotarlos, pero el poder de la sangre no tiene limites. Le pido que levantemos un movimiento mundial que se forme experto en la sangre de Cristo, considere que mínimo 120 personas tengan este libro, lo estamos traduciendo en todos los idiomas, que Dios nos da la oportunidad, porque es necesario que para esta época se salven millones. Levantémonos a recoger la cosecha, ha llegado el tiempo.

Definitivamente confieso que escuché muchos mensajes que le daban demasiado crédito a los demonios y resulta que todos están vencidos y tienen que retroceder ante la omnipotencia de la redención de nuestro Cristo, grite allí donde usted esta: "La sangre de Cristo tiene todo el poder".

Una de las ignorancias de la iglesia era la del poder infinito de la sangre de Cristo, quiero que piense:

- La sangre de Cristo sana toda enfermedad.
- La sangre de Cristo saca todo dolor.
- La sangre de Cristo rompe con todo vicio.
- La sangre de Cristo rompe con toda maldición de descontrol mental.
- La sangre de Cristo devuelve la inteligencia espiritual.
- La sangre de Cristo nos da acceso al nuevo nacimiento en Cristo Jesús.
- La sangre de Cristo hace que corran todos los demonios desde el más grande hasta el más pequeño.
- La sangre de Cristo es la medicina para curar todos los problemas espirituales, físicos, mentales, emocionales, el

dolor físico, el dolor del alma y cosas que yo todavía no se, pero cuando me lo diga el Espíritu Santo la aplicaré.
- La sangre de Cristo levanta al caído, auxilia al atribulado, es bálsamo al herido y le restaura la vida del caído, no hay nada más poderoso que la sangre de Cristo.

Aplique la sangre y esta ordena todo

Jesús el Mediador del nuevo pacto, y a la sangre rociada que habla mejor que la de Abel. - Hebreos 12:24.

Este texto es impresionante, hace años escuche que la sangre de Cristo habla pero no lo entendía ¿A quien le habla la sangre de Cristo?. Primeramente le habla al Padre recordándole que la liberación de los cuerpos donde es aplicada tiene que ocurrir, por más errores que haya cometido la persona, debe ser perdonada por el poder de la justicia de Dios, es decir la sangre de Cristo justifica hasta los más malos.

Venid luego, dice Jehová, y estemos a cuenta: si vuestros pecados fueren como la grana, como la nieve serán emblanquecidos; si fueren rojos como el carmesí, vendrán a ser como blanca lana. - Isaías 1:18.

Toda religión es egoísta, quiere manipular los beneficios de la gracia, pero la sangre de Cristo no tiene limites; sana toda enfermedad, quita la dureza de los más rebeldes como lo hizo con Pablo, con el centurión romano y también con el carcelero de Filipos.

Le tengo una gran noticia

Donde es aplicada la sangre de Cristo le habla a todo demonio, no hay fuerza maligna que pueda resistir ni un segundo donde es aplicada,

" Ellos le han vencido por medio de la sangre del cordero"
- Apocalipsis 12:11

Aquí nos indica que la sangre de Cristo le habla a todo los diablos que existen, no importando su rango, la sangre de Cristo hace huir cualquier operación de los demonios, no importando donde estén ni de donde vengan.

La sangre de cada área de Jesús aplicada sobre el ser humano, habla al Padre Eterno y recupera todo lo que se perdió con el primer Adán. Cuando usted aplica la sangre que Cristo derramo en el templo, usted entra en la dimensión de vida bajo pacto de santidad sexual y no solamente eso, la sangre de la circuncisión de Jesús nos introduce como primogénitos del padre.

La sangre que Cristo derramo en Getsemaní le habla a todo espíritu de traición que no le molesten y que el espíritu de Judas no le puede tocar, esta sangre habla para que Dios le de personas a su lado fieles y la traición no le perturbe nunca mas.

La sangre de la corona habla y usted recupera la inteligencia espiritual, sale de la ruina y de toda miseria y es dimensionado(a) en el entendimiento de la eternidad para nunca fracasar y siempre ganar en Cristo Jesús.

La sangre de la espalda de Cristo habla y por las llagas de su espalda la peor enfermedad se va de su cuerpo y usted vive la salud divina.

La sangre del costado de Cristo habla y usted verá a

sus familiares, amigos y conocidos salvos, ninguno se perderá por más rebeldes que eran ellos, la sangre de Cristo los quebranta y todos obedecen a Jesús.

La sangre de los pies Cristo le habla a la tierra y cuando usted la aplica en sus pies, recupera el domino y la posesión el cual perdió el primer Adán y la maldición de la inestabilidad fue ampliada con la maldición de Caín (andar errante), toda falta de posesión y dominio es quitada de su vida por el poder de la sangre que brotó por los pies de Jesús, Dios le devuelve el dominio de Génesis 1:28.

La sangre del clavo de la mano derecha de Cristo le habla a la mano derecha seca y le recupera la autoridad y la misión espiritual con la cual Dios le envió a este mundo, esta despierta sus dones y ministerio.

La sangre de Cristo del clavo de la mano izquierda, cuando usted se la aplica de inmediato se va la ruina, se va la pobreza, se va la deshonra, definitivamente quien es libre por la sangre del clavo de la mano izquierda de Jesús, jamás vivirá la pobreza, su vida nunca más será igual.

La sangre de la barba le habla a los complejos y a la vergüenza y usted recupera paz, amor y bendición, por el poder de la sangre de la barba de Jesús vivirá sin tormento.

Cuando usted aplica la sangre del costado de Jesús, se está activando la placenta eterna de la salvación, de allí nació la iglesia, razón por la cual salió agua y sangre, por lo tanto toda persona que en oración usted le aplique esta sangre, aun los más rebeldes como Pablo creerán en Dios, nunca deje de hacerlo, esto salvará a millones en poco tiempo.

La sangre de Cristo tiene voz, su deber es aplicarla a todos los que usted crea en el precioso nombre de Jesús, usted lo verá y lo disfrutará.

EL PODER DE LA SANGRE DE CRISTO APLICADA

La sangre de Cristo tiene todo el poder, aplíquela y vera millones de milagros diariamente en todo lugar donde pise, hable y declare, por el poder de la gracia redentiva en Cristo Jesús.

Declare con todo su corazón, "La sangre de Cristo tiene todo el poder".

Cuando usted es ministrado

Le recomendamos con toda humildad, fe y amor en Cristo que deposite una ofrenda de fe y amor que será usada para las misiones mundiales porque la meta es llegar hasta lo último de la tierra con el evangelio bendito de Dios.

B&W GLOBAL UNIVERSITY OF DISCIPLES
4814 SILABERT AVE CHARLOTTE NC 28205 USA
TEL 704 537 1333 / 1 704 568 8981

PARA HACER UN DEPOSITO ES ASI:
BANK OF AMERICA
NUMERO DE CUENTA: 237003925683
NUMERO DE RUTA: 053000196
SWIFT: BOFAUS3N
Dirección: 10712 Downpatrick pl Charlotte NC 28262 USA

Bienvenidos

Jóvenes a un año de entrenamiento a Charlotte a:
"La academia mundial de la Generación 318"

www.ag318.com

Llene la planilla e inscríbanse ya
Llame también a:
001 980 202 9352